rororo

rororo sport

Herausgegeben von Bernd Gottwald

Thomas Steffens ■ Martin Grüning

RUNNER'S WORLD: LAUFTRAINER 5 BIS 10 KILOMETER

Die besten Trainingsprogramme

ROWOHLT TASCHENBUCH VERLAG

2. Auflage Januar 2003

Originalausgabe
Veröffentlicht im Rowohlt Taschenbuch
Verlag GmbH, Reinbek bei Hamburg,
März 2002

Redaktion Harald Krämer
Umschlaggestaltung any.way,
Barbara Hanke / Cordula Schmidt
Satz Trinité und Gill Sans (QuarkXPress 4.11)
Gesamtherstellung Clausen & Bosse, Leck
Printed in Germany
ISBN 3 499 61018 3

Die Schreibweise entspricht den Regeln
der neuen Rechtschreibung.

Inhalt

TEIL I TRAININGSGRUNDLAGEN

EINLEITUNG

Richtiges Training lässt sich erlernen

Wer mit dem Laufen begonnen hat, stellt schon bald Fortschritte fest.

Wir schulen unseren Körper, sich an höhere Belastungen zu gewöhnen, solche Belastungen zu tolerieren: Diesen Prozess nennt man Training.

Viele Läuferinnen und Läufer joggen, weil es ihnen schlichtweg Spaß macht, weil es sie entspannt und einen wohl tuenden Ausgleich zum Alltagsstress bedeutet. Sie sind weniger anfällig für Erkältungen, spüren eine stärkere Körperspannung und schlafen besser. Andere dagegen wollen es wirklich wissen. Sie, liebe Leserin und lieber Leser, würden dieses Buch nicht in Händen halten, wenn Sie sich nicht dafür interessieren würden, wie es möglich ist, bestimmte Strecken schneller und leichter zurückzulegen als vorher. Um dies zu schaffen, haben wir für Sie einige Trainingsvarianten zusammengestellt. Im Anhang erhalten Sie Pläne für verschiedene Leistungsziele über fünf und zehn Kilometer. Hinter diesen Trainingshinweisen und Lauftipps stecken jahrelange Erfahrungen mit den Leserinnen und Lesern unseres Laufmagazins, die sich Rat suchend an uns wenden. Auf diese Weise sind wir nah am Puls der Laufszene und wissen um die Fragen, die Sie bewegen.

Mit diesem Buch sprechen wir keineswegs nur hoch ambitionierte Läufer oder Halbprofis an. Das wird spätestens bei der Durchsicht der Trainingspläne klar. Im Gegenteil: Wir haben vor allem all jene vor Augen, die über das Anfängerstadium gerade erst hinaus sind und nach neuen Herausforderungen suchen. Dabei begleiten wir Sie mit unseren Trainingsvorschlägen. Probieren Sie's aus, und Sie werden sehen: Mit der Praxis kommt die Erfahrung. Finden Sie die für Sie optimale Dosis selbst heraus. Das Motto sollte immer lauten: Weniger ist oft mehr – eine Pause mehr ist besser als eine Pause zu wenig. Dann ist die nächste Bestzeit nicht mehr weit. Viel Spaß beim Laufen und Trainieren.

Martin Grüning, Thomas Steffens

KAPITEL 1

So schaffen Sie 5 Kilometer

Wer mit dem Laufen beginnt, freut sich über Fortschritte: Zehn oder fünfzehn Minuten am Stück geschafft, bald einmal eine halbe Stunde ohne Gehpause.

Wie lange brauche ich wohl für fünf Kilometer? Wir zeigen Ihnen, wie Sie für diese Distanz optimal trainieren und sehr schnell Fortschritte erzielen.

Die «alten Hasen» unter den Läufern, die schon halbe oder ganze Marathons absolviert haben, tun gut daran, ihre Laufbasis zu verbessern, weil sie davon auch über die längeren Distanzen erheblich profitieren werden. Mit einem speziellen 5-Kilometer-Training verbessert sich die Grundschnelligkeit, was sich auch positiv auf die Halbmarathon- und Marathondistanz auswirkt.

Durchkommen oder außer Puste sein?

1. Sie sind Laufanfänger? Wenn Sie ehrlich sind, dann fragen Sie sich: Was könnte mich überhaupt reizen, an einem Laufwettkampf teilzunehmen? Wie wäre es mit der Garantie, dass wir Sie in sechs Wochen problemlos für die 5-Kilometer-Wettkampfdistanz fit machen?

2. Sie sind ein erfahrener Läufer, der schon regelmäßig an Wettkämpfen teilnimmt, aber eher die langen Distanzen bevorzugt? Sie sehen wie die meisten Ihrer Laufpartner 5-Kilometer-Läufe nur als «Schnupperläufe» für Anfänger, die zusammen mit längeren Strecken angeboten werden? Unser 5-Kilometer-Training garantiert Ihnen aber nicht nur eine Bestzeit über diese Distanz, sondern ermöglicht auch Bestzeiten über längere Distanzen.

Ob Laufanfänger oder erfahrener Läufer: Es gibt viele Gründe, es mal mit einem Wettkampf über fünf Kilometer zu versuchen.

Das Ziel

Anfänger

Der Einstieg ist leicht: Suchen Sie sich einfach einen Wettkampf in Ihrer Nähe aus und bereiten sich mit unseren Trainingsplänen und -tipps gezielt darauf vor.

Dies hat den Vorteil, dass Sie auf einer abgemessenen Strecke Ihr Leistungsvermögen testen können und außerdem von der besonderen Atmosphäre eines organisierten Laufes profitieren. Keine Sorge, zu den Letzten werden Sie im Ziel sicher nicht gehören, denn über solch kurze Distanzen treffen sich zunehmend Anfänger und Fun-Läufer, die nicht alles so bierernst nehmen, was mit der Kunst der beschleunigten Fortbewegung zu tun hat.

Wer gerne einmal im Mittelpunkt stehen möchte, findet die attraktivsten Veranstaltungen bei den Stadtläufen, deren Streckenführung meist mitten durch die belebten und touristisch reizvollen Teile der jeweiligen Stadt verläuft. Wer es beim ersten Mal lieber unter Ausschluss der Öffentlichkeit versuchen möchte, der sollte sich bei einem der zahlreichen Wald- und Wiesenläufe anmelden, wo es zwar keine Zuschauer, dafür aber Natur, Ruhe und Abgeschiedenheit gibt – für viele Anfänger wohl der beste Einstieg ins Wettkampfgeschehen. Das Wichtigste: Einen Wettkampf zu bestreiten bedeutet mehr, als nur eine vermessene Strecke möglichst schnell zu laufen. Dort treffen wir auch Gleichgesinnte, mit denen wir viel Spaß haben werden und zudem die für Läuferinnen und Läufer ewig spannenden Fragen des Wo/Wann/Wie schnell betratschen können. Auf den Punkt gebracht: Der einzige Unterschied zwischen einem Läufer und einem Jogger ist, dass Läufer an Wettkämpfen teilnehmen, während sich Jogger mit ihrer Runde im Stadtwald oder anderswo zufrieden geben.

Ambitionierte Läufer

Klar sind Sie, wenn Sie «nur» fünf Kilometer laufen, auf eine neue Bestzeit scharf. Aber eigentlich ist das Ziel eines solchen 5-Kilometer-Trainings für viele ambitionierte Läufer doch ein anderes – die Verbesserung der Grundschnelligkeit, denn nur die gewährleistet auch einen Leistungsanstieg auf den längeren Laufdistanzen.

Ein ernsthaftes 5-Kilometer-Training hilft, die maximale Sauerstoffaufnahme zu steigern: die physiologische Basis für einen Leistungssprung.

Die beim Atmen vom Blut aufgenommene Sauerstoffmenge entspricht dem Volumen, das die Muskeln zur Energieerzeugung verbrauchen. Folglich ist die Fähigkeit des Körpers, große Mengen an Sauerstoff aufzunehmen, zu transportieren und zu verarbeiten, entscheidend für Erfolge auf den Laufstrecken. Wenn Sie mehr Sauerstoff umsetzen können, ist Ihre Beinmuskulatur leistungsfähiger. Die Zahlen sprechen für sich: Jedes Prozent Zunahme an maximaler Sauerstoffaufnahme (VO_2max) ergibt eine Verbesserung der 5-Kilometer-Zeit um fünf bis zehn Sekunden. Liegt Ihre VO_2max zehn Prozent unter Ihrem möglichen Maximalwert, so heißt das nichts anderes, als dass Sie Ihre Bestzeit über fünf Kilometer ohne Mühe um ein bis zwei Minuten steigern könnten.

Wie aber lässt sich die VO_2max trainieren? Als Erstes bietet sich eine Erhöhung des Kilometerumfangs an. Die VO_2max nimmt beträchtlich zu, wenn Sie Ihr wöchentliches Laufpensum etwa allmählich von ungefähr 40 auf 70 bis 80 Kilometer erhöhen.

Diese Zunahme der Sauerstoffaufnahmefähigkeit verlangsamt sich, wenn Ihr Kilometerumfang erst einmal ein bestimmtes Niveau erreicht hat. Eine amerikanische Studie lässt darauf schließen, dass die VO_2 max-Kurve bei einem sehr hohen Trainingsumfang wieder abflacht.

Eine andere Möglichkeit ist das anaerobe Training. «Anaerob» bedeutet: «ohne Sauerstoff». Wenn Sie in ziemlich hohem Tempo laufen, kann nicht genügend Sauerstoff für eine ausreichende Versorgung der Muskeln bereitgestellt werden. In ihrem Körper setzt eine spezifisch anaerobe biochemische Reaktion ein: Er spaltet Glukose, wandelt sie in Milchsäure um und beschafft so die zum Laufen benötigte Energie. Darum wird Tempotraining manchmal auch als anaerobes Training bezeichnet.

Um herauszufinden, ob Training im anaeroben Bereich die VO_2max erhöht, haben dänische Forscher Untersuchungen an neun erfahrenen Langstreckenläufern vorgenommen, von denen jeder sechs Monate lang ungefähr 100 Kilometer pro Woche bei mäßigem Tempo im aeroben Bereich trainierte, was eher einem reinen Ausdauer-, also Marathontraining entsprach. Dann liefen vier Läufer der Testgruppe vierzehn Wochen lang weiterhin im aeroben Bereich, während die Übrigen ihr Trainingspensum auf 50 Kilometer pro Woche reduzierten, davon aber die Hälfte im anaeroben Bereich absolvierten (Distanzen von 60 bis 1000 Meter), eben ganz so wie in einer echten 5-Kilometer-Vorbereitung. Die Ergebnisse sind bemerkenswert. Obgleich die aerob trainierenden Läufer doppelt so viele Kilometer liefen, verglichen mit der im anaeroben Bereich trainierenden Gruppe, steigerte sich ihre maximale Sauerstoffaufnahme nicht. Die Laufgruppe mit Tempoarbeit verbesserte ihre VO_2max aber immerhin um sieben Prozent.

Wie lässt sich dieses Ergebnis interpretieren? Anaerobes Training aktiviert die «schnell kontraktierenden» Beinmuskelzellen. Sie stellen die für das Sprinten benötigte Energie bereit, und ihre Fähigkeit,

Sauerstoff umzusetzen, steigt bei Aktivierung, d. h. bei sehr schnellem Laufen im anaeroben Bereich deutlich an. Dadurch werden diese Zellen zur «Anpassung» gezwungen, denn Tempoläufe bringen sowohl das Herz-Kreislauf-System als auch die Atmungsorgane an ihre Grenzen, was wiederum diese Muskelfasern zwingt, ihre Fähigkeit zur Aufnahme von Sauerstoff zu steigern.

Der Plan

Anfänger

Am leichtesten tut sich der Laufeinsteiger mit einem exakten Trainingsprogramm, das der Ausdauer planmäßig auf die Sprünge hilft. Bei einem Lauftraining nach dem Prinzip «Einfach drauflos» bleibt die Effektivität oft auf der Strecke. Mit herkömmlichen Trainingsprogrammen können Laufanfänger allerdings wenig anfangen; entweder sind sie unverständlich oder viel zu ambitioniert angelegt. Deshalb ist der erste Schritt zum regelmäßigen Lauftraining die Einschätzung der individuellen Leistungsfähigkeit. Sie kann man nicht schätzen, man muss sie testen. Am Anfang steht also eine Art Leistungstest: Laufen Sie so langsam wie möglich so lange wie möglich. Konnten Sie zwei Minuten am Stück laufen? Dann sind Sie etwa genauso fit wie die Hälfte der deutschen Bevölkerung. Haben Sie es geschafft, tatsächlich 15 Minuten am Stück zu laufen? Dann zählen Sie längst nicht mehr zu den absoluten Anfängern und können innerhalb von zwölf Wochen mehr als nur ein 5-Kilometer-Durchhalteniveau erreichen.

Übrigens: Der beste Einstieg ins Laufen ist das Gehen. 30 Minuten zügiges Gehen sollten auch für unsportliche Menschen (oder Übergewichtige) nach wenigen Tagen kein Problem sein: der optimale Einstieg in eine regelmäßige Laufbelastung. Aus dem Gehen wird in Schritt zwei ein Wechsel aus Gehen und Laufen; hier steigt unser Acht-Wochen-Plan ein. Das «Laufen mit Pausen» zeitigt schnell den Effekt, den man sich als Anfänger vom Laufen eigentlich verspricht: Sie sind in einer völlig ungewohnten Weise auf den Beinen, legen eine Strecke zurück, die sie sich vor einigen Wochen noch nicht zugemutet hätten. Sicher werden bei einer 20-minütigen Geh-/Laufbelastung noch keine Unmengen von Endorphinen freigesetzt, wohl aber das Glücksgefühl: «Mensch, endlich habe ich angefangen, etwas für meinen Körper zu tun!» Eine reizvolle Begleiterscheinung: Beim Laufen werden deutlich mehr Kalorien verbraucht als beim Gehen. Die Pfunde beginnen schon nach wenigen bewegten Tagen zu purzeln.

Ambitionierte Läufer

Die wichtigsten Fragen lauten: Wie oft können Sie trainieren? An welchem Tag der Woche bietet es sich an, im Training zu belasten? (Klar: nicht unbedingt an Ihrem schwersten Arbeitstag.) Wer bereits ein Rennen über fünf Kilometer hinter sich hat, nimmt diese Leistung als Temporientierung für die schnellen Einheiten.

Ein Trainingstagebuch ist ungemein hilfreich, um später nachzuvollziehen, in welchen Schritten und durch welche Kicks sich der Leistungsaufbau vollzogen hat. Halten Sie fest, wann Sie wie lange gelaufen sind, wie viele Kilometer ungefähr und eventuell, wie Sie sich gefühlt haben. Wer keinen Herzfrequenzmesser verwendet, sollte ruhig einmal zwischendurch stehen bleiben und die Herzfrequenz am Handgelenk, am Hals oder am Herzen messen. Ein einfaches Verfahren: Zehn Sekunden den Pulsschlag zählen, dann mit sechs multiplizieren = Herzfrequenz pro Minute. (Präziser ist natürlich ein Herzfrequenzmesser.) Auch die durchschnittliche Herzfrequenz ist ein Wert, den man unbedingt festhalten sollte.

Die Trainingshäufigkeit hat einen entscheidenden Einfluss auf die Trainingsgestaltung. Grob gesagt bedeutet das: Wer zweimal wöchentlich trainiert, sollte sich zunächst darum bemühen, ein drittes Mal zu laufen, bevor die Intensität der einzelnen Läufe erhöht wird. Grundsätzlich gilt: Wer dreimal wöchentlich trainiert, sollte einmal pro Woche eine intensive Trainingseinheit absolvieren, dazu einen längeren und einen ruhigen Dauerlauf. Ab vier Trainingseinheiten pro Woche sind zwei Belastungen sinnvoll, ein langer und ein ruhiger Dauerlauf runden das Wochenpensum ab.

Die Regenerationsphasen der Energiespeicher (Kohlenhydrate und Fette) für die Ausdauerleistungen liegen bei etwa 48 Stunden. Eine intensivere Belastung ist nicht häufiger als an jedem dritten Tag einer Trainingsphase zu empfehlen (Prinzip «Superkompensation»), womit mehr als zwei schnelle Trainingseinheiten pro Woche von vornherein auszuschließen sind. Wer in der Woche fünfmal und öfter läuft, kann noch einen weiteren langen Dauerlauf einplanen. Alle weiteren Trainingseinheiten dienen vornehmlich der aktiven Erholung und müssen auch als solche gestaltet werden. Also: Langsam laufen oder sich mit einer anderen Sportart in Maßen vergnügen.

Generell bedeutet mehr Training nicht mehr Leistung. Training ohne Regeneration ist kontraproduktiv. Wenn die Regeneration ständig zu kurz kommt, steigt auch die Verletzungsgefahr. Sollten Sie im Training feststellen, dass Sie sich immer seltener frisch fühlen und für Ihr normales Dauerlauftempo immer mehr Energie aufbringen müssen, dann lassen Sie ruhig einmal das Training sausen. Ihr Körper dankt es Ihnen garantiert mit einem Energiekick am folgenden Tag.

Die Intensität

Anfänger

Anfänger sollten sich nicht an Kilometervorgaben orientieren, sondern an Minutenvorgaben. Nicht «Heute will ich zwei Kilometer schaffen» ist die Maxime, sondern «Heute will ich zwölf Minuten am Stück laufen». Der Grund ist einfach: Zwölf Minuten bleiben zwölf Minuten, egal wie schnell oder langsam Sie laufen. Wer zu schnell losläuft, bekommt in den letzten Minuten Probleme. Da lernt es sich wie von selbst, die Laufzeit effektiv einzuteilen. Bei Kilometervorgaben ist dies anders: Zwar bleiben zwei Kilometer auch hier zwei Kilometer. Aber an einem guten Tag schaffen Sie dies in elf Minuten, an einem schlechten Tag in 14 Minuten, und es besteht immer der Reiz, die Strecke so schnell wie möglich hinter sich zu bringen. Die große Gefahr: Sie laufen zu schnell und übernehmen sich. Ein zu hohes Lauftempo ist der Anfängerfehler Nummer eins – und für viele leider auch ein «guter» Grund, das Laufen nach ersten schmerzhaften Versuchen schnell wieder aufzugeben.

Die ersten Laufschritte sollen in einem Tempo absolviert werden, das nicht schneller ist als ein zügiges Gehtempo. Was auch immer Sie an Tipps und Ratschlägen von anderen hören: Am Anfang kommt es nicht auf das Tempo an, sondern alleine auf die Laufbewegung. Was das Laufen vom Gehen – selbst bei gleichem Tempo – unterscheidet, ist der größere Energieumsatz. Denn beim Laufen heben Sie Schritt für Schritt Ihr gesamtes Körpergewicht ein Stück vom Boden und fangen es auch wieder auf. Beim Gehen wird das Gewicht dagegen immer von einem Bein am Boden gestützt; die Energiebilanz ist messbar geringer.

Das ideale Lauftempo ist so, dass Sie sich problemlos mit Mitläufern unterhalten können (bzw. könnten, wenn Sie alleine laufen). Es sollte zwar nicht so langsam sein, dass Sie ausreichend Atem haben, um Opernarien zu schmettern, aber es muss genügend Luft zum Reden bleiben. Vernehmbar hechelnde Läufer sind meist die, die entweder viel zu schnell unterwegs sind und/oder falsch atmen.

Ein effektives Lauftraining besteht für fortgeschrittene Anfänger aus folgenden drei Komponenten:

1. Der langsame Dauerlauf
Er wird in sehr niedrigem Tempo absolviert und ist die sinnvollste Trainingsform für Laufeinsteiger. Das Tempo unterscheidet sich von dem des schnellen Gehens nur wenig. Der Belastungsbereich für einen langsamen (regenerativen) Dauerlauf liegt annähernd bei 70 bis 75 Prozent der maximalen Herzfrequenz.

2. Lockerer Dauerlauf
Bei diesem Tempo sind Sie spürbar schneller unterwegs als beim langsamen Dauerlauf. Der Belastungsbereich für einen lockeren Dauerlauf sollte etwa bei 75 bis 85 Prozent der maximalen Herzfrequenz liegen. Wichtig ist bei dieser Laufintensität, langsam loszulaufen und erst nach der Aufwärmphase zu versuchen, die Herzfrequenz (Belastung) allmählich hochzuschrauben auf das angegebene Niveau.

3. Zügiger Dauerlauf
Eine Warnung vorweg: Dieses Dauerlauftempo ist nichts für absolute Laufanfänger und nur jenen zu empfehlen, die schon erste Erfahrungen mit intensiverer Laufbelastung gesammelt haben. Tempodauerläufe sind die schnellste Dauerlaufbelastung. Sie liegen im höchsten gerade noch ohne Übersäuerung möglichen Tempobereich. Zur Erklärung: Bei hohem Lauftempo wird der Sauerstoffbedarf des Körpers zur Gewinnung von Energie durch den Abbau von in der Muskulatur und in der Leber gespeichertem Glykogen nicht mehr gedeckt. Die Atmung wird intensiver und schneller, von Unterhaltung kann keine Rede mehr sein. Mit Übersäuerung bezeichnet man also einen Vorgang, bei dem der Läufer unter großer Belastung in eine Sauerstoffschuld gerät: Der Organismus greift auf den anaeroben Stoffwechsel (Energiegewinnung ohne Sauerstoff) zurück, bei dem Milchsäure (Laktat) gebildet wird. Der Vorteil: Laufen in diesem Bereich trainiert am effektivsten die Ökonomisierung des Stoffwechsels. Mehr als einmal pro Woche sollte ein zügiger Dauerlauf allerdings nicht auf dem Programm stehen. Der Belastungsbereich für einen Tempodauerlauf liegt bei etwa 85 bis 90 Prozent der maximalen Herzfrequenz.

Ambitionierte Läufer
Das subjektive Belastungsgefühl ist ein wichtiges Instrument zur Intensitätskontrolle. Man muss es nur zu nutzen wissen. In der Trainingsplanung bedeutet das, immer einen gewissen Freiraum für flexible Gestaltungsmöglichkeiten einzuplanen. Je besser Sie Ihren Körper durch das Training kennen lernen, je mehr Sie lernen, auf Leistungsschwankungen ebenso gelassen wie durchdacht zu

reagieren, desto erfolgreicher wird Ihr Training langfristig sein. Eine Veränderung der Intensität erreicht man durch den Einsatz verschiedener Trainingsformen, mit denen unterschiedliche Trainingsziele zu realisieren sind: die Entwicklung eines hohen allgemeinen Ausdauerniveaus, später das spezifische Ausdauerniveau und die aktive Erholung.

Beim professionellen 5-Kilometer-Training kommen zu den fürs Anfängerniveau beschriebenen Trainingsformen noch drei weitere Elemente hinzu:

1. Ruhiger Dauerlauf
Ziel: Regeneration
Puls: 75–80 Prozent der maximalen Herzfrequenz (HFmax).
Intensität: ruhige Atmung, Gespräch jederzeit möglich, keine Ermüdung während des gesamten Trainings
Dauer: 30–40 min
Tempo: ca. 60–90 sek langsamer als das durchschnittliche 10-Kilometer-Wettkampftempo

2. Lockerer Dauerlauf
Ziel: Formerhaltung
Puls: etwa 80 Prozent der HFmax
Intensität: Tempo kann ohne großen Willens- und Energieaufwand über die ganze Strecke gehalten werden.
Dauer: 40–60 min
Tempo: 30–50 sek langsamer als das 10-Kilometer-Wettkampftempo

3. Zügiger Dauerlauf
Ziel: spezielle Ausdauerentwicklung
Puls: 80–85 Prozent der HFmax
Intensität: Mit Ein- und Auslaufen vor- und nachbereiten. Es bedarf hoher Konzentration, um in diesem Tempodauerlauf das Tempo über die gesamte Strecke zu halten. Das Tempo sollte so gewählt werden, dass es keine großen Geschwindigkeitseinbrüche gibt.
Dauer: 20–40 min (mit kürzeren Läufen beginnen)
Tempo: 15–30 sek langsamer als das 10-Kilometer-Wettkampftempo

4. Fahrtspiel
Intensität: Spezielle Ausdauerentwicklung. Mit Ein- und Auslaufen. Belastungsstrecken werden entweder durch Gelände oder durch Minutenintervalle bestimmt. Pausen ca. halb so lang wie die Belastungen.
Dauer: 30–40 min
Tempo: Bei längeren Teilstrecken wie beim zügigen Dauerlauf, bei kürzeren Teilstrecken nahe am 10-Kilometer-Wettkampftempo.
Beispiele: 5x5 min (Pause 2:30 min), 3, 6, 3, 6, 3 min (Pause 2–3 min), 10, 8, 6, 4, 2 (Pausen 4, 4, 2, 2 min)
Wer die absolute Kontrolle über sein Lauftempo sucht, geht auf die Bahn, um Tempoläufe zu machen. Generell unterscheiden sich Tempoläufe vom Fahrtspiel durch genau vorgegebene Strecken und durch die Pausenge-

staltung. Man unterscheidet zwischen extensiven Tempoläufen mit mittelhoher Intensität, hohem Umfang sowie kurzen Pausen und intensiven Tempoläufen mit höherer Intensität und geringerem Umfang:

5. Extensive Tempoläufe
Ziel: spezielle Ausdauerentwicklung
Intensität: Das Tempo sollte möglichst für alle Läufe gleich gehalten werden. In den Pausen sollte die Herzfrequenz auf unter 75 % der HFmax pro Minute sinken.
Beispiele: 8 x 1000 m (Pause 3 min), 1000 m, 2000 m, 3000 m, 2000 m (Pause zwischen den Belastungen 3–4 min), 4 x 2000 m (Pause 3 min)

6. Intensive Tempoläufe
Ziel: Stehvermögen (Laktat-Toleranz)
Intensität: fast maximal
Beispiele: 10 x 200 m (Gehpause zwischen den Belastungen 200 m), 10 x 400 m (Gehpause zwischen den Belastungen 400 m)

SUPERKOMPENSATION

Training ist ein planmäßiges, systematisches Vorgehen mit dem Ziel der Leistungssteigerung. Es bewirkt leistungsfördernde Anpassungsprozesse im Organismus aber nur, wenn gewisse Prinzipien eingehalten werden:

- Wiederholung und Kontinuität
- optimale Gestaltung von Belastung und Erholung
- planvolle Steigerung der Belastung.

Der zeitlich richtige Rhythmus von Belastung und Erholung ist wichtig für die Effektivität des Trainings. Durch einen Trainingsreiz wird nämlich das biochemische Gleichgewicht des Körpers gestört. Das führt zu einer kurzfristigen Verringerung der Leistungsfähigkeit; in der nachfolgenden Erholungsphase werden die entleerten Energiespeicher aber wieder aufgefüllt. Als Anpassung auf den Belastungsreiz reagiert der Organismus jetzt mit einer Überreaktion, einer Art Schutzmechanismus vor einer neuerlichen Ermüdung. So wird kurzfristig ein höheres Leistungsniveau erreicht: ein kleiner Leistungssprung. Diesen Vorgang bezeichnet man als Superkompensation. Damit ist der Moment für einen neuerlichen Belastungsreiz erreicht, um die beschriebenen Anpassungsvorgänge wieder in Gang zu setzen. Da das Niveau stetig ansteigt, sollte man unbedingt darauf achten, die Intensität der Belastungen langsam zu steigern, um weiter effektive Trainingsreize setzen zu können.

Achtung: Jedes Lauftraining führt zur muskulären Ermüdung. Um die Muskulatur geschmeidig zu halten, empfiehlt sich nach jedem Training ein 10- bis 15-minütiges Dehnprogramm. Außerdem werden durch die schnellen Läufe die Energiespeicher entleert. Je rascher diese wieder aufgefüllt werden, umso besser funktioniert das Prinzip der Superkompensation. Das bedeutet nicht, nach jedem Training möglichst viel zu essen, sondern speziell nach hartem Training innerhalb der ersten Stunde kohlenhydratreiche Nahrung aufzunehmen. Das können zum Beispiel Fruchtsäfte, Bananen oder Müsliriegel sein. Danach müssen Sie nicht mehr so akribisch darauf achten, wie die nächste Mahlzeit aussieht. Eine ausgewogene Ernährung mit viel Rohkost und Obst als Vitaminspender ist der beste «Sprit» für Langstreckler. (Vgl. ausführlich Kap. 9: Das Richtige essen)

KAPITEL 2

Wettkampffieber

Ein Wettkampf ist ein Erlebnis – egal ob Sie zum ersten oder zum hundertsten Mal hinter der Startlinie stehen. Mal liegt der Reiz in der Herausforderung, die Strecke überhaupt zu bewältigen, mal im Kribbeln, endlich die eigene Bestzeit zu knacken. Wir zeigen Ihnen, wie Sie einen Wettkampf mit Erfolg bestehen.

Wettkämpfe sind organisierte Laufveranstaltungen, bei denen einige um die Wette laufen und viele sich daran erfreuen, gemeinsam mit Gleichgesinnten fit und munter etwas zu erleben.

Wer sich planmäßig auf einen Wettkampf vorbereitet, wird in der Regel sein selbst gestecktes Ziel nicht verfehlen, ob er nur ankommen oder gar gewinnen will. Aber auf der sicheren Seite ist erst, wer nicht nur gut trainiert, sondern auch sonst in der Vorbereitung alles richtig gemacht hat, von der Organisation der Anreise und der richtigen Ernährung bis zur Kräfteeinteilung im Wettkampf selbst.

Bei der unmittelbaren Wettkampfvorbereitung unterscheiden sich die Ansprüche von Laufeinsteigern und ambitionierten Läufern deutlich. Dieser Tatsache tragen wir in den folgenden Ausführungen Rechnung.

Die direkte Vorbereitung

Anfänger

Planen Sie Ihren ersten Wettkampf sorgfältig. Das betrifft weniger das Training im Vorfeld als vielmehr das Drumherum am «Tag der Wahrheit». Suchen Sie sich eine Veranstaltung aus, die in Ihrer Nähe stattfindet, und halten Sie den Reiseaufwand bei Ihrem ersten Wettkampf in Grenzen.

Bei allen offiziellen Laufveranstaltungen ist eine Anmeldung mit der Angabe einiger persönlicher Daten nötig. Eine Startnummer, die Sie während des Laufes auf dem Trikot tragen, gilt als Ihre persönliche Identifikationsmarke. Die Teilnahme an einem Wettkampf kostet meist eine Startgebühr, mit welcher der Veranstalter seine Unkosten deckt. Wer sich, falls das überhaupt noch möglich ist, erst am Wettkampftag anmeldet, zahlt in der Regel ein erhöh-

tes Startgeld (Nachmeldegebühr). Sollten Sie den Anmeldetermin einmal verpasst haben, keine Panik: Nur wenige Laufveranstaltungen sind völlig ausgebucht. Machen Sie es sich beim ersten Start so leicht wie möglich: Suchen Sie sich zur Premiere nicht die wärmste Zeit des Jahres aus, sondern starten Sie das «Unternehmen Wettkampf» entweder im Frühjahr oder im Herbst. Informieren Sie sich vorher über die Streckenbeschaffenheit und das Streckenprofil. Anfänger sollten möglichst auf einer flachen Strecke ihren ersten Wettkampfversuch starten und sich nicht gleich an eine schwierige, bergige Strecke wagen.

Ambitionierte Läufer

In der unmittelbaren Vorbereitung auf einen Wettkampf wird das Training auf das Erreichen einer individuellen Höchstleistung ausgerichtet – und zwar nicht irgendwann und irgendwo, sondern am Wettkampftag.

Das Training sollte in dieser Phase kontrolliert sein und möglichst stressfrei ablaufen.

Da Sie sich in diesen Tagen sowieso innerlich auf den Wettkampf einstimmen, kann es nicht schaden, sich mental mit verschiedenen Rennsituationen zu befassen: eine Rennstrategie entwickeln, Teilziele aufstellen, das Streckenprofil analysieren. Selbst ein Schuss Nervosität gehört dazu; sie wird die Vorfreude auf das Rennen noch steigern. Haben Sie nur keine Hemmungen, sich gedanklich auf den bevorstehenden Wettkampf einzulassen. Träumen ist besser als verdrängen.

In der vorletzten Trainingswoche vor dem Wettkampf sollten Sie Ihren Kilometerumfang bereits etwas reduzieren. Schließlich wollen Sie so kurz vor einem Wettkampf nicht in ein Ermüdungsloch fallen.

Als Belastungseinheit empfehlen sich kontrollierte Läufe, entweder auf der Bahn oder auf einer bekannten Strecke im Wald. Kontrolliert heißt, dass Sie diese Trainingsphase bewusst im angestrebten Wettkampftempo absolvieren, also zum Beispiel fünfmal 1000 Meter in vier Minuten für diejenigen, deren Zeitziel über fünf Kilometer die 20-Minuten-Marke ist. Doch Vorsicht: Ihre maximale Leistungsfähigkeit sollten Sie *jetzt* nicht mehr testen! Die letzte Woche ist eigentlich die wichtigste im gesamten bisherigen Trainingsprozess. Nun rückt das Training völlig in den Hintergrund. Priorität hat allein die optimale Wettkampfvorbereitung. Je nachdem, an welchem Tag der Wettkampf stattfindet, sollten sie vier Tage vorher kein ermüdendes Training mehr bestreiten. Nach dem letzten Dauerlauf vor dem Rennen helfen zwei bis drei Steigerungsläufe noch ein wenig, muskuläre Spannung zu erzeugen.

Der Wettkampftag

Anfänger

Wer seinen ersten Wettkampf bestreitet, sollte eigentlich nur ein Ziel haben: ankommen. Die Zeit ist unwesentlich, Hauptsache, Sie kommen ohne größere Probleme durch.

Der wichtigste Rat vorab: Beteiligen Sie sich nach dem Startschuss nicht an der wilden Hatz der anderen, sondern beginnen Sie ganz langsam. Stellen Sie sich am besten hinten an. Machen Sie nicht den Fehler vieler Anfänger, sich in den vorderen Startreihen aufzustellen. Dabei stehen sie nicht nur den Schnelleren im Weg, die sich meist rabiat durchrempeln, sondern Sie beginnen dadurch unweigerlich viel zu schnell, was Sie später büßen werden. Überhaupt sollte man sich nicht dadurch irritieren lassen, dass viele Läuferinnen und Läufer sehr viel rasanter loslegen, als man es selbst vorhat. Kontrollieren Sie Ihr Tempo anhand der Kilometermarkierungen, sofern solche vorhanden sind.

Beim ersten Wettkampf sollten Sie nicht an Ihre körperlichen Grenzen gehen – und wenn Sie es doch nicht lassen können, dann bitte nur im Schlussspurt auf der Zielgeraden. Sparen Sie sich die körperlichen Grenzgänge für spätere Wettkampfabenteuer. Ihr Belastungspotenzial sollten Sie behutsam kennen lernen.

Ambitionierte Läufer

Am Wettkampftag sollten Sie folgende Dinge genau planen: die letzte Nahrungsaufnahme, Ihren Flüssigkeitsbedarf, Anfahrt und Anmeldung, Aufwärmen und Startvorbereitung. Viele Rennen werden schon bei der Anreise verpfuscht. Planen Sie Ihre Anreise mit genügend Zeitreserven. Reisestress ist Energieverlust. Schließlich muss man sich am Ort des Geschehens zuerst einmal zurechtfinden, eventuell noch Anmeldungsformalitäten erledigen und die Strecke besichtigen. Sie können sich umso besser konzentrieren und auf die vor Ihnen liegende Anstrengung einstellen, je mehr Ruhe Sie am Wettkampfort vor dem Start finden.

Das Aufwärmen ist der letzte Akt der unmittelbaren Vorbereitung auf den Wettkampf. Ziel ist es, durch leichte körperliche Aktivität die Durchblutung anzuregen und den Stoffwechsel gezielt auf die bevorstehende Energieleistung vorzubereiten. In dieser letzten Stunde spielen sich aber auch noch entscheidende psychische Prozesse ab, die die Wettkampfleistung stark beeinflussen. Jetzt sollte es Ihnen gelingen, Ihre Nervosität in positive Motivation umzusetzen: Sie haben ein realistisches Ziel, und Sie sind sich Ihres Leistungsvermögens sicher. Versuchen Sie, beim Aufwärmen eine Zeit lang allein zu sein, um sich in aller Ruhe noch einmal auf Ihre Vorsätze konzentrieren zu können.

Das Aufwärmen gliedert sich grob in drei Teile: lockeres Einlaufen – Gymnastik – Steigerungsläufe. Das lockere Einlaufen sollte etwa 10 bis 15 Minuten dauern, daran schließt sich ein leichtes Stretching an. Jetzt ist es wichtig, den Körper warm zu halten, am besten mit einer Extraschicht Kleidung. Nach dem Stretching traben Sie ein wenig auf und ab und machen noch zwei bis drei Steigerungsläufe. Beenden Sie die aktiven Aufwärmübungen spätestens zehn Minuten vor dem Start, damit das durch die Steigerungsläufe entstandene Laktat noch abgebaut werden kann. In den letzten Minuten sollten Sie nur noch langsam trotten und Ihren Platz im Starterfeld suchen.

Bereits mit dem Startschuss geht der Kampf gegen die Uhr los. Meistens lässt es sich nicht vermeiden, mit dem Läuferpulk in recht flottem Tempo vom Startbereich weggetrieben zu werden. Dennoch tut man gut daran, so schnell wie möglich den eigenen Rhythmus zu finden. Andere Läufer ziehen ständig an Ihnen vorbei. Ja und? Das wahre Rennen beginnt erst in der zweiten Wettkampfhälfte, und da werden Sie einigen Überstürmischen aus der Startphase wieder begegnen. Lassen Sie sich durch Schwierigkeiten in den ersten drei bis fünf Minuten nicht beunruhigen. So lange braucht der Organismus, bis die Energiebereitstellung auf die Belastung eingestellt ist. Danach spielt sich der Rhythmus wie von selbst ein.

Bemühen Sie sich in der Folge, auf der ganzen Strecke das Tempo Ihren Möglichkeiten entsprechend hoch zu halten. Es gibt immer wieder Phasen, wo es wie von alleine rollt, und es gibt mühsame Passagen, in denen man sich ganz schön knechten muss. Besonders in der Schlussphase ist es wichtig, noch einmal alle Kräfte zu mobilisieren. Auf dem Weg zu einer Bestzeit – falls das Ihr Ziel ist – zählt jeder Schritt bis zur Ziellinie.

Die Wettkampfernährung

Anfänger

Grundsätzliches vorweg: Die optimale Ernährung für Ausdauersportler setzt sich aus circa 65 Prozent Kohlenhydraten, 20 Prozent Fett und 15 Prozent Eiweiß zusammen. Die 65-20-15-Ernährungsformel für Ausdauersportler steht im Prinzip für zweierlei: jede Menge Kohlenhydrate, die helfen, unsere Glykogenspeicher aufzufüllen, und genügend Proteine, um die arbeitende Muskulatur zu versorgen und das Immunsystem zu stärken. Nützlich sind Nährwerttabellen, in denen die Zusammensetzung aller Lebensmittel detailliert aufgeführt sind.

Um Magenprobleme während des Wettkampfs zu vermeiden, sollten Sie vorher nur leichte Kost zu sich nehmen: ein weißes Brötchen oder ein Toastbrot mit Marmelade zum Beispiel. Vermeiden Sie unmittelbar vor dem Laufen magenbelastende Vollkornprodukte wie Müsli oder Körnerbrot, aber auch Salat mit Soße oder fette Nahrung. Wer zu viel oder das Falsche isst, erlebt unangenehme Überraschungen. Die Muskeln benötigen bei einer Laufbelastung mehr Blut als im Ruhezustand, sodass der Magen nur einen Bruchteil der normalen Blutmenge zur Verfügung hat. Das verlangsamt den Verdauungsprozess, und die unverdaute Nahrung wird im Magen ständig bewegt, was ebenso unangenehm wie leistungshemmend sein kann.

Zu wenig oder gar nichts vor einem Wettkampf zu essen wäre aber ebenso leichtfertig: Ihr Körper braucht Energie, um Leistung zu bringen. Ohne die richtige Nahrung sind Ihre Energiedepots schnell entleert, und Ihre Beine versagen Ihnen den Dienst. Das gilt auch für eine überschaubare Distanz wie die fünf Kilometer.

«Und was ist, wenn ich unterwegs mal muss?», fragen Sie sich. Wer sich nicht zwischendurch in die Büsche verdrücken will, sollte eines beherzigen: Trinken und essen Sie rechtzeitig vor dem Lauf. Flüssigkeit braucht nur 45 bis 90 Minuten, um im Körper verarbeitet und wieder ausgeschieden zu werden. Trinken Sie also bis 90 Minuten vor dem Start große Mengen, dann sollten diese bis zum Start schon wieder verarbeitet sein. In den letzten Minuten vor dem Start nehmen Sie nur noch kleine Schlucke zu sich. Etwas anders verhält es sich mit fester Nahrung. Die letzte Mahlzeit sollten Sie drei bis vier Stunden vor dem Lauf zu sich genommen haben, am besten leicht verdauliche Speisen (z. B. Spaghetti mit einer einfachen Tomatensauce, andere schwören auf Weißbrot mit Honig oder Bananen). Dann sollte es kein Problem sein, rechtzeitig vor dem Start das Toilettenproblem hinter sich gebracht zu haben. Das Wichtigste: Kaffee, Milch und Zitrusfrüchte sollten in den letzten Stunden vor einem Lauf unbedingt gemieden werden: Sie regen den Magen unnötig an und bringen die Verdauung unter Belastung gehörig durcheinander.

Ambitionierte Läufer

In der Ernährung gibt es bei Laufanfängern und ambitionierten Läufern die geringsten Unterschiede. Erfahrene Läuferinnen und Läufer wissen allerdings sehr genau, auf welche

Speisen sie wie reagieren. Was Sie am Wettkampftag auch essen mögen – es wird keinen Einfluss mehr auf Ihre Leistung haben, zumindest was den Energiestoffwechsel betrifft. Wichtig ist, dass Sie nicht schon beim Aufwärmen vor Hunger ein flaues Gefühl im Magen haben. Um die Verdauung nicht zu sehr zu belasten, empfiehlt sich leichte Kost.

Beim Frühstück beschränkt man sich auf ein Müsli, weißes Brot und Marmelade; die Salami und den fetten Käse packt man erst gar nicht aus. Beim Mittagstisch, falls das Rennen nachmittags oder abends stattfindet, sind Nudeln oder Kartoffeln, eventuell ein mageres Stück Fleisch eine gute Wahl. Auch hier sollten Sie fette Saucen vermeiden und vor allem nichts essen, was Sie nicht gewohnt sind. Sollten mehr als fünf Stunden zwischen der letzten Mahlzeit und dem Wettkampf liegen, kann man sich noch eine Banane oder einen Müsliriegel in die Wettkampftasche packen. Vor allem auf reichliche Flüssigkeitszufuhr ist im Vorfeld eines Rennens zu achten. Vor allem in der warmen Jahreszeit muss man große Mengen Flüssigkeit zu sich nehmen, um sich vor einer Dehydrierung im Wettkampf zu schützen. Am besten eignen sich Wasser, Früchtetees oder isotonische Getränke in geringer Konzentration. Auch hier gilt: Finger weg von Getränken, die Sie noch nicht ausprobiert haben.

KAPITEL 3

Schwellentraining

Wie lässt sich mit geringstmöglichem Aufwand der größtmögliche Erfolg im Training erzielen? Probieren Sie es einmal mit Schwellentraining.

Jack Daniels ist ein renommierter amerikanischer Trainingsexperte. Jahrelang war er auf der Suche nach einer Trainingsmöglichkeit, mit der sich bei geringem Aufwand der größte Effekt erzielen lässt.

Stellen Sie sich vor, Sie trainieren täglich, investieren viel Zeit in Ihre körperliche Fitness. Da sollte es doch eine Möglichkeit geben, die Zeit pro Trainingseinheit zu verkürzen, ohne dass die Leistungsfähigkeit darunter leidet – schneller zu werden und dennoch gesund zu bleiben und weiter mit Spaß dabei zu sein. Gesundheit und Spaß sind beim lockeren Lauftraining überhaupt kein Problem; es ist eigentlich ein selbstverständlicher Effekt regelmäßigen Laufens. Nur wird man vom ruhigen Dauerlauf nicht unbedingt schneller. Das Problem, das Daniels beschäftigte, lief auf folgenden Punkt hinaus: Wie kann ich einerseits hart genug trainieren, um meine Leistungsfähigkeit zu steigern, andererseits aber nicht zu hart, um weiterhin gesund und motiviert zu bleiben?

Schließlich kam Daniels auf die Lösung: Er kreierte eine Trainingseinheit, die er, frei übersetzt, «Schwellen-Intervalltraining» nannte. Für ihn war dies die großartigste Innovation in der Lauftrainingslehre seit Jahrzehnten. Ganz Unrecht hatte er damit nicht.

Das Zauberwort in Sachen Leistungsschub hieß seit den dreißiger Jahren «Intervalltraining». Bei dieser Trainingsmethode wechseln sich schnelle Läufe mit langsamen Trab- oder Gehpausen ab, Be- und Entlastung wechseln in ausgewogenem Rhythmus. Woldemar Gerschler, in den dreißiger Jahren Trainer des 800-Meter-Weltrekordlers Rudolf Harbig, entwickelte zusammen mit dem Kardiologen Hans Reindell in Freiburg die ersten Ideen zum Intervalltraining. Inzwischen wurden sie weiterentwickelt und galten lange Zeit als effektivste Trainingseinheiten. Beim üblichen Intervalltraining gibt es einen Haken: Die Trainingsdosierung erfordert ein sehr gutes Körpergefühl. Das Tempo im klassischen Intervalltraining liegt teilweise im maximalen Belastungsbereich; die Gefahr, sich zu überfordern, ist groß. Wer dabei überzieht, schlittert schneller, als er sich versieht, in die Übertrainiertheit. Eine andere Folge können Überlastungsbeschwerden sein, sprich: Verletzungen.

Dies wollte Jack Daniels vermeiden, der Mitte der fünfziger Jahre zur Weltklasse im Modernen Fünfkampf zählte, jener wenig bekannten Sportart, bei der Reiten, Fechten, Pistolenschießen, Schwimmen und Laufen an zwei Wettkampftagen kombiniert werden. Er gewann zwei olympische Medaillen, aber seine Gesamtleistung litt immer unter seinen schwachen Laufvorstellungen. Hier setzte Daniels an: Zunächst kopierte er einfach die Trainingsprogramme weltbekannter Läufer (was ihm enttäuschenderweise einen Leistungsknick einbrachte). Schließlich wurde er zu einem der belesensten und wissbegierigsten «Laufwissenschaftler», die es weltweit gibt. In den sechziger und siebziger Jahren arbeitete Daniels schließlich mit einigen der besten Langstreckler der Welt zusammen, Jim Ryun und Gerry Lindgren. In der Vorbereitung auf die Olympischen Spiele 1968 in der Höhenluft von Mexico City war er im Trainerstab dieser Topathleten. Später, in den siebziger und achtziger Jahren, arbeitete er unter anderem mit der ersten Olympiasiegerin im Frauen-Marathon, Joan Benoit-Samuelson, und dem Gewinner des New York City Marathon, Alberto Salazar, zusammen. Diese beeindruckten ihn vor allem durch ihre rigorose mentale Einstellung. Und so mixte sich Daniels über Jahre sein privates Trainingselixier, das es in sich hatte. 1990 ließ er dann die Katze aus dem Sack.

Die Laktatschwelle

Der Schlüssel zu einer effektiven Trainingseinheit, so Daniels, ist das Wissen um das richtige Trainingstempo. Bei sehr langsamem Lauftempo kann man nahezu ewig lange laufen. Der Körper baut die anfallenden Stoffwechselprodukte, wie zum Beispiel das die Muskelarbeit hemmende Salz der Milchsäure (Laktat), genauso schnell wieder ab, wie sie entstehen. Aber je schneller der Lauf, desto mehr Laktat bildet sich. Schließlich beginnt die Muskulatur zu übersäuern, das heißt, sie kann das anfallende Laktat nicht mehr verarbeiten. Der Lauf muss vielleicht sogar abgebrochen werden, da die Muskeln durch eine extreme Laktatbelastung kontrollierte rasche Bewegungen unmöglich machen.

Als *Laktatschwelle* bezeichnet man die physiologische Schwelle, an der den Muskeln bei einer körperlichen Belastung gerade noch ausreichend Sauerstoff zur Verfügung steht und keine Milchsäure angehäuft wird. Das Lauftempo unterhalb dieser Schwelle bezeichnet man als *aerob*, das darüber als *anaerob*.

Anaerob heißt: Den Muskelzellen steht für ihre Arbeit nicht genügend Sauerstoff zur Verfügung. Energie wird durch den Abbau von Glukose ohne Sauerstoff bereitgestellt, denn die Zeit reicht nicht, um genügend Sauerstoff in die Zellen zu schleusen. Da Glukose ohne Sauerstoff nicht vollständig abgebaut werden kann, entsteht Laktat. Das Schwellentempo bezeichnet also ein Tempo, das knapp unterhalb dieses Grenzbereichs liegt. Erfahrene Läufer können ihr Tempo knapp unterhalb der aerob-anaeroben Schwelle «ertasten». In der Regel kann man die Atmung in diesem Tempobereich so eben noch gleichmäßig halten; die Laufbewegung lässt sich noch optimal kontrollieren.

Jetzt kommt besagte Katze, die Daniels aus dem Sack lassen wollte, das heißt der Clou seiner neuen Trainingsidee: Die Laktatschwelle ist nicht für immer und ewig an ein bestimmtes Lauftempo gebunden. Sie lässt sich durch ein planvolles Training nach oben verschieben. Das bedeutet: Je höher die Laktatschwelle, desto höher auch das Lauftempo, bei dem Sie noch nicht übersäuern, und desto größer natürlich Ihr Leistungsvermögen.

Auch anderen Trainingswissenschaftlern war dieser Zusammenhang nicht unbekannt. Daniels aber war der Erste, der sich konkrete Gedanken machte, welche Trainingsform die effektivste zur Hebung der Laktatschwelle sein könnte. Und genau diese Trainingsmethodik glaubte er 1990 gefunden zu haben: das «Schwellen-Intervalltraining». Manche erfahrenen Läufer haben ein präzises Gefühl für ihren Körper. Aber ebenso viele bleiben für die feinen Signale ihres Körpers eher unempfänglich. Für sie entwickelte Daniels nicht nur entsprechende Schwellen-Trainingsprogramme, also jene Laufeinheiten, mit deren Hilfe sich die Laktatschwelle besonders schnell verbessern lässt; er erstellte auch eine Tabelle, in der er das Schwellentempo für die verschiedensten Leistungsniveaus definierte. Wer sich die Hinweise zum Schwellentempo anschaut, erkennt schnell, dass dies keinesfalls einem Joggingtempo entspricht. Schwellentempo kann ganz schön flott sein. Normalerweise sollte sich die Leistungsfähigkeit im Rahmen eines kontinuierlichen Trainingsaufbaus langsam verbessern, das heißt, wer sein Potenzial nicht ab und zu in Wettkämpfen überprüft, sollte – so lange er sich gesund und nicht überlastet fühlt – die Schwelle alle drei Wochen korrigieren: Zirka zwei Sekunden pro 1000 Meter darf das Schwellentempo erhöht werden. Wer beim Training einen Pulsmesser benutzt, kann für den Bereich des Schwellentempos etwa einen Bereich von 90 Prozent des Maximalpulses ansetzen. Dies ist übrigens auch das Tempo, das man bei einem zügigen Marathon läuft.

Schwellenprogramme

Daniels entwickelte mehrere «Schwellen-Trainingseinheiten», die nicht alleine seinem Ideenfundus entstammten, doch in ihrer Kombination und Dosierung völlig neu waren.

1. Tempodauerläufe

Ein Tempodauerlauf ist ein gleichmäßiger, kontrollierter Lauf von zirka 20 Minuten Länge. Das Tempo liegt über die volle Zeit im Schwellenbereich. Das Wichtigste: Der Tempodauerlauf muss gleichmäßig gestaltet werden. Ein zu schnelles Tempo ist ebenso kontraproduktiv wie ein zu langsames Tempo. Ambitionierte Läufer können auch länger als zwanzig Minuten gleichmäßig im Schwellentempo laufen, aber zwanzig Minuten reichen für ein wirkungsvolles Schwellentraining nachweislich aus und halten die Belastung in erträglichen Grenzen.

So könnte ein Tempodauerlauf aussehen: Laufen Sie sich zwei Kilometer locker warm. Erhöhen Sie dann das Tempo bis zum Schwellentempo, und behalten Sie es auf einer flachen Strecke gleichmäßig zwanzig Minuten bei. Laufen Sie sich zum Abschluss wieder zwei Kilometer locker aus.

Doch Vorsicht! Auch beim Tempodauerlauf gibt es Fallen, in die Sie nicht tappen sollten:

- **Immer alleine laufen.** Tempodauerläufe sind nur effektiv, wenn sie tatsächlich im Schwellentempo gelaufen werden. Dieses Tempo ist ein sehr individuelles, das sich nur selten mit dem eines Mitläufers deckt. Außerdem neigen Läufer in der Gruppe immer dazu, eine verschärfte Gangart anzuschlagen, was beim Tempodauerlauf kontraproduktiv ist.

- **Keine großen Steigerungen.** Man muss das Tempo beim Tempodauerlauf nicht Woche für Woche steigern, nur um sich zu beweisen, dass man leistungsfähiger geworden ist. Die Gefahr ist, dass man dann rasch oberhalb der Schwelle läuft, also im anaeroben Bereich (Sauerstoffschuld), wo die Belastung auf Dauer zu hoch ist. Ein 20-minütiger schneller Dauerlauf oberhalb der Schwelle ist sozusagen weder Fisch noch Fleisch: Für einen Tempodauerlauf ist die Belastung zu hoch, für einen Wettkampf oder ein Intervalltraining jedoch zu niedrig.

- **Außeneinflüsse bedenken.** Beim Tempodauerlauf sollte man unbedingt die äußeren Bedingungen beachten. Bei starkem Wind, Regen, rutschiger Strecke usw. sollte das Tempo unbedingt nach unten korrigiert werden.
  Läufer, die regelmäßig auf dem Laufband trainieren, würden sicherlich auch dieses Trainingsmittel für einen Tempodauerlauf bevorzugen, weil ein gleichmäßiges Tempo nirgendwo leichter zu halten ist. Aber dabei geht ein wichtiger positiver Nebeneffekt des Schwellentrainings verloren – das Gefühl für die Schwelle. Wer sich auf ein mechanisches Hilfsmittel verlässt, braucht auf etwas so Diffiziles wie das Laufgefühl beim Schwellentempo nicht mehr zu achten. Wie reagiert mein Körper an der Schwelle? Welche Signale spüre ich in jenem Grenzbereich? Erfahrene Läufer wissen genau, wann sie sich an und wann oberhalb der Schwelle befinden. Und wir betonen es noch einmal: Das Gefühl für das Schwellentempo ist für Läufer enorm wichtig, weil es das schnellstmögliche Tempo ist, das über einen relativ langen Zeitraum (zum Beispiel einen Marathon) beibehalten werden kann. Lassen Sie beim Tempodauerlauf also nicht das Laufband für Sie entscheiden. Selbst laufen müssen Sie sowieso.

2. Schwellenintervalle

Es bedarf keiner wissenschaftlichen Exkurse, um zu begreifen, dass sich in hohem Lauftempo ein größeres Trainingspensum absolvieren lässt, wenn man ab und zu eine kurze Pause zur Erholung ins Training einstreut. Beispiel: Wer beim Tempodauerlauf relativ problemlos am Stück zwanzig Minuten im Schwellenbereich läuft, kann durch gut platzierte Pausen den Gesamtumfang der Schwellenkilometer durchaus erhöhen, also im Schwellentempo mehr als zwanzig Minuten laufen. Auf dieser Erkenntnis basierte auch die Idee des Intervalltrainings.

Daniels entwickelte nun aus all diesen Erkenntnissen eine Trainingseinheit, die er «Schwellen-Intervalltraining» nannte. Sie steht für Belastungen im Schwellenbereich, unterbrochen von kurzen Trabpausen in sehr langsamem Lauftempo. Bei diesem Trainingsmuster kann man über einen langen Zeitraum den Laktatlevel im Blut konstant knapp unterhalb der aerob-anaeroben Schwelle halten, was er in vielen Tests mit seinen Athleten nachwies. Gut trainierte Läufer absolvierten so bis zu 15 Kilometer im Schwellentempo, ohne dass ihr Laktatwert über die kritische Grenze stieg. Und so könnte ein Schwellen-Intervalltraining aussehen:

Laufen Sie sich zwei Kilometer locker warm. Absolvieren Sie anschließend vier Mal 1500 Meter in Ihrem Schwellentempo. Traben Sie zwischen jeder 1500-Meter-Belastung 60 Sekunden. Laufen Sie am Schluss zwei Kilometer locker aus.

Wie umfangreich dürfen die Schwellenintervalle sein? Die generelle Regel von Daniels lautet: Nie mehr als acht Prozent des wöchentlichen Gesamttrainingsumfangs. Beispiel: Sie laufen 40 Kilometer in der Woche. Dann dürfen Sie also «nur» 3,2 Kilometer im Schwellentempo trainieren. Das Schwellen-Intervalltraining ist durchaus auch für weniger ambitionierte Läufer mit geringen Laufumfängen empfehlenswert. Es ist absolut risikolos, solange man sich an die Tempovorgaben hält.

3. Erfolgsprogramme

Das Wichtigste: Ein erfolgreiches Schwellen-Trainingsprogramm basiert auf Ihrem individuellen Schwellentempo.

An drei beispielhaften Schwellen-Trainingsprogrammen wollen wir demonstrieren, wie sich ein Leistungssprung realisieren lässt. Dazu reicht es aus, einmal wöchentlich wie folgt zu trainieren:

Läufer A
10-Kilometer-Leistungsvermögen: 50:00 min
Wochenpensum: 30 km
Schwellentempo: 5:15 min/km
Belastung: 2 km Warmlaufen, 4x800m in 4:11 min mit 30–60 sek Trabpause, 2 km Auslaufen

Läufer B
10-Kilometer-Leistungsvermögen: 40:00
Wochenpensum: 65 km
Schwellentempo: 4:14 min/km
Belastung: 2 km Warmlaufen, 5x1000m in 4:14 min mit 30–60 sek Trabpause, 2 km Auslaufen

Läufer C
10-Kilometer-Leistungsvermögen: 34:00
Wochenumfang: 100 km
Schwellentempo: 3:37 min/km
Belastung: 2 km Warmlaufen, 5x1500m in 5:25 min mit 30–60 sek Trabpause, 2 km Auslaufen

WO LIEGT IHRE INDIVIDUELLE AEROB-ANAEROBE SCHWELLE?

Mit einem Schwellentraining können Sie Ihre Laktatschwelle verbessern. Dies hat einen Leistungszuwachs zur Folge und führt Sie zu neuen Bestzeiten. Orientieren Sie sich mit Ihrem Leistungsvermögen an der linken Spalte und legen Sie anhand der rechts aufgeführten Zeiten das Tempo Ihres Schwellentrainings fest.

Fitness-Level		**Schwellentempo**		
5 km (Leistungsvermögen)	10 km	800 m	1000 m	1500 m
27:00	56:03	4:40	5:50	8:44
25:12	52:17	4:21	5:27	8:10
24:08	50:03	4:11	5:15	7:52
23:09	48:01	4:01	5:02	7:33
22:15	46:09	3:51	4:50	7:15
21:25	44:25	3:43	4:40	7:00
20:39	42:50	3:35	4:30	6:45
19:57	41:21	3:28	4:21	6:31
19:17	39:59	3:22	4:14	6:21
18:40	38:42	3:16	4:06	6:09
18:05	37:31	3:10	3:58	5:58
17:33	36:24	3:06	3:52	5:48
17:03	35:22	3:00	3:45	5:38
16:34	34:23	2:55	3:40	5:30
16:07	33:28	2:51	3:34	5:21
15:42	32:35	2:47	3:29	5:14
15:18	31:46	2:43	3:24	5:06
14:55	31:00	2:39	3:20	5:00
14:33	30:16	2:36	3:15	4:52
14:13	29:34	2:32	3:11	4:46
13:54	28:55	2:29	3:07	4:40
13:35	28:17	2:26	3:02	4:33
13:18	27:41	2:23	2:59	4:29
13:01	27:07	2:20	2:56	4:24

TRIATHLON

KAPITEL 4

Bahntraining

Auf einer Laufbahn lassen sich besonders gut die Trainingseinheiten durchführen, bei denen es auf eine exakte Zeitmessung ankommt, zum Beispiel Intervalltraining. Außerdem bekommt man dabei ein gutes Tempogefühl.

Eine Laufbahn ist nicht nur ein unverzichtbares «Trainingsgelände» für leistungsorientierte Läufer. Auch Alltagsjogger, Senioren und Laufanfänger können vom Bahntraining profitieren. Die Gründe sind vielfältig:

- Eine Bahn bietet gleichmäßig gute Bedingungen. Sie ist gefedert (Tartanbahnen je nach Alter bzw. Abnutzung sehr gut, Aschenbahnen gut) und flach. Keine Löcher, kein Geröll, kein harter Asphalt – was kann man Muskeln und Gelenken Besseres bieten?
- Nirgendwo lässt sich das Lauftempo exakter kontrollieren als beim Bahntraining. Damit beantwortet sich die Frage nach Fortschritten von selber, und das ist für Laufanfänger genauso interessant wie für ambitionierte oder leistungsorientierte Läuferinnen und Läufer. Einmal pro Woche ein und dieselbe Distanz auf der Bahn, und schon wissen Sie, wo Sie stehen.
- Eine sichere Laufstrecke in erreichbarer Nähe zu haben ist nicht zuletzt für Frauen ein wichtiger Faktor. Das gilt natürlich nur, wenn Sie als Frau dort zu Zeiten laufen, wenn auch andere Sportler die Bahn bevölkern bzw. ein Platzwart anwesend ist. Laufbahnen gehören fast immer zu überwachten Sportanlagen.
- Viele Sportstätten sind mit einer Flutlichtanlage ausgestattet – ein Vorteil vor allem in den dunklen Monaten des Jahres.
- Wo eine Laufbahn ist, gibt es meist eine gute Infrastruktur: ausreichend Parkplätze, Umkleideräume, Duschmöglichkeiten und oft auch eine Gaststätte, wo man mit Trainingskollegen nach getaner «Arbeit» noch entspannt zusammensitzen kann.

Intervalltraining

Beim Intervalltraining wechseln schnelle Läufe mit langsamen Trab-

oder Gehpausen: Be- und Entlastung in ausgewogener Mischung. Da Intervalltraining aus genau vorgegebenen Belastungswiederholungen und Belastungspausen besteht, ist man auf exakt ausgemessene Strecken angewiesen, und die bieten meist nur Laufbahnen. Diese Trainingsform muss keineswegs monoton und öde sein. Jeder hat die Chance, mit einiger Phantasie daraus eine abwechslungsreiche Trainingsart zu formen. Wir zeigen, wie es geht.

- *Länge der Belastungen:* Die Belastungen erstrecken sich von 200 bis 1000 Meter. Längere Wiederholungen (über 1000 Meter) dienen dem Training der aeroben Fähigkeiten bzw. der spezifischen Ausdauerentwicklung, kurze 200- oder 400-Meter-Intervalle dem anaeroben Training, also der Temposchulung. Um das gesamte Leistungspotenzial zu entwickeln, sind beide Programmvarianten nötig.

  Die gängigste Belastungsdistanz sind die 400 Meter. Wenn Sie mit dem Intervalltraining starten, sollten Sie es vielleicht zunächst mit Wiederholungen über diese Distanz versuchen. Erst bei ausreichender Erfahrung sollten Sie die Distanzen variieren.
- *Länge der Pausen:* In den Pausen sollte der Puls zwischen den Belastungen auf mindestens 70 Prozent der maximalen Herzfrequenz sinken. Wer während der Belastung einen Puls von 180 Schlägen pro Minute hatte, sollte in die nächste schnelle Runde erst wieder einsteigen, wenn sich der Puls auf 140 Schläge pro Minute beruhigt hat.

  Eine sichere Methode für Anfänger: Wer zum Beispiel 400 Meter schnell gelaufen ist, trabt oder trottet danach 400 Meter in langsamem Tempo, bis er den nächsten schnellen Abschnitt in Angriff nimmt. Auch hier gilt: Je mehr Erfahrung Sie mit dem Intervalltraining gesammelt haben, desto eher dürfen Sie die Pausen abkürzen. (Übrigens: Das Tempo der Trabpausen entspricht etwa dem beim schnellen Gehen.)
- *Anzahl der Intervalle:* Ein Intervalltraining mit zu wenigen Belastungen hat keinen Leistungskick zur Folge, eines mit zu vielen Wiederholungen provoziert einen Leistungseinbruch. Ein guter Einstieg zum Intervalltraining sind z. B. fünf 400-Meter-Wiederholungen. Haben Sie dieses Niveau im Griff, steigern Sie die Wiederholungen auf acht. Wer sich an 200-Meter-Intervallen versucht, kann auch mit sieben oder acht Belastungen bei entsprechender Trabpause beginnen. Wer längere Distanzen be-

vorzugt (z. B. 800 Meter), beginnt mit drei Wiederholungen.

- *Lauftempo*: Entgegen einer weit verbreiteten Meinung ist das Tempo in den Intervallbelastungen nicht sonderlich schnell. Es sollte über die gesamte Anzahl der Wiederholungen gehalten werden können und immer eine kontrollierte Laufbewegung zulassen. Im Übrigen ist Ihr Wettkampftempo ein wichtiger Gradmesser für die Intensität der Intervalleinheiten. 200-Meter-Wiederholungen sollten etwa Ihrem 5-Kilometer-Wettkampftempo entsprechen, 400-Meter-Wiederholungen etwas langsamer (1–5 sek) als das 5-Kilometer-Renntempo sein, 800- oder 1000-Meter-Wiederholungen etwa auf Ihr 10-Kilometer-Renntempo hinauslaufen. Das Problem: Um Ihr Renntempo zu kennen, müssen Sie auch schon an Rennen über die entsprechenden Distanzen teilgenommen haben – logisch. Haben Sie das bisher nicht, müssen Sie sich auf Ihr Gefühl verlassen und folgenden Grundsatz beherzigen: Die letzte Belastung sollte genauso schnell sein wie die erste, und zum Abschluss des Trainings sollten Sie sich ausgelastet, aber nicht überlastet fühlen.
- *Das Prinzip der unvollständigen Erholung*: Training basiert auf einem Wechsel von Belastung und Erholung, das heißt von Energieverbrauch und Energieaufbau. Dabei kommt der Erholung genauso viel Bedeutung zu wie der Belastung. Denn, so paradox es klingt: Der wesentliche Trainingseffekt wird in der Erholungsphase erzielt. Beim Intervalltraining ist die Erholungsphase zwischen den Belastungen durch die kurzen Pausen nur ansatzweise möglich. Der Körper bekommt keine Zeit, seine Energiedepots wieder aufzufüllen, sondern wird im Gegenteil gezwungen, diese immer weiter zu erschöpfen. Aber gerade das macht intervallgesteuertes Training besonders effektiv, denn je mehr Energie verbraucht wird, desto größer ist die Fähigkeit der Depots, neue Energie wieder aufzunehmen. Muskelzellen sind nach dem Training nämlich nicht nur in der Lage, die verbrauchte Energie wieder zu speichern, sondern sogar mehr Energie als zuvor. Das Energiereservoir wird also vergrößert, sodass bei den folgenden Belastungen die Ermüdung später eintritt. Man nennt dieses Prinzip «Superkompensation» (vgl. Seite 21). Die vergrößerte Speicherkapazität entspricht dann auch der Verbesserung des Leistungsstandes. Fazit: Intervalltraining ist die effektivste Trainingsform, innerhalb kürzester Zeit die Energiedepots

maximal zu entleeren, und bereitet so der Superkompensation von Energie den Boden.

Trainingsbeispiele

1. Beginnen Sie Ihr Intervalltraining immer mit 10 bis 15 Minuten Warmlaufen im ruhigen Dauerlauftempo.
2. Machen Sie drei bis fünf lockere Steigerungsläufe und einige kurze Sprints, bevor Sie in die erste Belastung starten.
3. Schließen Sie das Training immer mit weiteren 10 bis 15 Minuten lockerem Auslaufen und einem leichten Stretchingprogramm ab.

Intervall-Anfänger

(minimale Wettkampferfahrung, keinerlei Intervallpraxis):

1. Woche: Laufen Sie 400 Meter im 10-Kilometer-Renntempo. Gehen Sie anschließend 400 Meter. Wiederholen Sie das Ganze fünfmal.

2.-4. Woche: Steigern Sie die Wiederholung auf zehn Belastungen mit jeweils 400-Meter-Gehpausen zwischen den schnellen Abschnitten.

5. Woche: Reduzieren Sie die Belastungszahl wieder auf fünf, aber traben Sie in den Pausen, anstatt zu gehen.

6.-8. Woche: Steigern Sie die Wiederholung auf zehn Belastungen mit jeweils 400-Meter-Trabpause.

Ab 9. Woche: Steigern Sie das Belastungstempo oder verkürzen Sie die Trabpausen auf 200 Meter. Achtung: Das Trabtempo bleibt unbedingt immer ganz langsam.

Ambitionierte Läufer

(wettkampferfahren, 4 bis 5 Trainingseinheiten pro Woche):

Sie sind durchaus in der Lage, verschiedene Intervallvarianten zu verkraften: Kurze, schnelle Intervalle, ohne die Gesamtbelastung extrem zu steigern. Oder längere, langsamere, die die Gesamtstrecke der Intervallbelastung ausbauen.

Beispiele:

8 (-10) x 400 Meter im 10-Kilometer-Renntempo mit 200-Meter-Trabpausen. Oder 10 (-15) x 200 Meter im 5-Kilometer-Renntempo mit 200-Meter-Trabpausen. Oder 4 (-8) x 1000 Meter etwas langsamer als das 10-Kilometer-Renntempo mit 400-Meter-(800 Meter-)Trabpausen.

Leistungssportler

(langjährige Wettkampf- und Intervallerfahrung):

Sie können zusätzlich zu den Standardprogrammen mit allen Varianten des Intervalltrainings spielen. Mischen Sie innerhalb eines Intervalltrainings die Distanzen, lassen Sie Ihrer Phantasie freien Lauf.

Beispiele:

Pyramide: Belastungen von 200 Meter, 400 Meter, 600 Meter, 800 Meter, 1000 Meter, 800 Meter, 600 Meter, 400 Meter, 200 Meter im 5-Kilometer-Renntempo mit 200- bis 400-Meter-Trabpausen.

Serie: 5 x 600 Meter schnell, 200 Meter Trabpause, 200 Meter schnell, 200 Meter Trabpause.

KAPITEL 5 Das optimale Training

Ob Sie zehn Minuten oder anderthalb Stunden Zeit zum Laufen haben – hier erfahren Sie, wie Sie das Optimale aus diesem Training herausholen.

Ein effektives Lauftraining lässt sich im Grunde auf zwei Komponenten reduzieren: Man muss sich die nötige Zeit nehmen, um regelmäßig zu trainieren, und man muss diese Zeit klug zu nutzen wissen. Entscheidend ist es zunächst, Prioritäten zu setzen. Wenn Ihnen das Laufen wirklich wichtig ist, werden Sie auch ausreichend Zeit dafür finden.

Doch dies ist nur die eine Hälfte auf dem Weg zum (Läufer-)Glück und eigentlich eher das leichtere Stück. Beschwerlicher ist die zweite Frage: Wie nutze ich die 20, 30 oder 60 Minuten, die mir zur Verfügung stehen, am optimalsten?

Die Antwort lautet: Halten Sie sich je nach Zeitbudget an einen der sieben im Folgenden beschriebenen Trainingsvorschläge. In allen Fällen handelt es sich um intensive Trainingsbelastungen, die in erster Linie darauf zugeschnitten sind, die zur Verfügung stehende Laufzeit so effizient wie möglich zu nutzen. Ein bis zwei intensive Einheiten pro Woche reichen völlig aus, um Ihrem Training den richtigen «Kick» zu geben. An den übrigen Tagen wird einfach nur locker gelaufen oder zur Abwechslung alternativ «gesportelt» (Schwimmen, Rad fahren, Skaten, Klettern usw.), solange Zeit, Lust und Tagesform es zulassen.

Das 10-Minuten-Training

Vorzüge: Einfach und schnell

Ausführung: Zwei Alternativen stehen zur Wahl, von denen die zweite einen Tick anspruchsvoller ist.

Methode 1: Sie laufen deutlich schneller als im gewohnten Trainingstempo (kein Sprint!), bis Sie zehn Doppelschritte (1x links, 1x rechts) absolviert haben. Dann fallen Sie für die nächsten zehn Doppelschritte in ein lockeres Tempo zurück, um anschließend 20 Doppelschritte in raschem Tempo zu laufen, gefolgt von diesmal 20 lockeren Doppelschritten. Eine Stoppuhr erübrigt sich mithin bei diesem Training; stattdessen kommt es darauf an, stets mitzuzählen. Diese Intervallausdehnung in 10er-Schritten setzen Sie bis 60 schnell/60 locker fort, um dann im gleichen Rhythmus wieder bis 10 schnell/10 locker zu verkürzen. Insgesamt dürften Sie mit diesem Intervallmuster etwa zehn Minuten zugebracht haben.

Was Sie unbedingt beachten sollten: Das Tempo der Belastungs- wie der Erholungsabschnitte sollten Sie immer Ihrer aktuellen Verfassung anpassen! Bei gutem Fitness-Level können auch die lockeren Abschnitte relativ flott sein.

Methode 2: Die Belastungskurve dieses Trainings steigt zur Mitte hin an und fällt danach wieder. Beginnen Sie mit einer Minute im lockeren Tempo, um dann alle ein oder zwei Minuten (je nach Belieben) das Tempo so zu steigern, dass Sie in den Minuten fünf und sechs (also zwei Minuten lang) mindestens Ihr 5-Kilometer-Wettkampftempo erreichen. Verlangsamen Sie das Tempo danach im Ein- oder Zwei-Minutentakt (d. h. im gleichen Rhythmus wie zuvor), bis die zehn Minuten vorüber sind.

Was Sie unbedingt beachten sollten: Diese Belastung ist kurz, aber hart. Wenn Ihnen dann noch ein paar Minuten Zeit bleiben, sollten Sie etwas gehen, um die Muskeln zu lockern. Für fortgeschrittene Läufer eignen sich beide Zehn-Minuten-Optionen übrigens bestens als Aufwärmübung für ein längeres Tempoprogramm.

Das 20-Minuten-Training

Vorzüge: Kompakte Herz-Kreislauf-Belastung bei minimalem Zeitaufwand. Ausgezeichnete Vorbereitung auf Bergläufe, da besonders die Oberschenkelmuskulatur (Quadrizeps) gekräftigt wird.

Bevorzugte Ausführung: Ein Wechsel von je einer Minute steilem Berganlaufen und einer Minute Erholung bei insgesamt zehn Wiederholungen. Dazu sollten Sie sich jeweils noch einige Minuten fürs Aufwärmen und die Nachbereitung gönnen. Am besten lässt sich dieses Training auf einem Laufband durchführen, das die präzise Simulation von Steigungen von 12 bis 15 Prozent ermöglicht (was einem ziemlich steilen Anstieg entspricht).

Allerdings verlangt diese Übung etwas Erfahrung und Experimentierfreude, um herauszufinden, bei welcher maximalen Steigung Sie die gesamte Serie von zehn Wiederholungen durchstehen können. Während der Erholungspausen ist das Laufband auf «flach» eingestellt. Wer das Workout lieber im Freien durchführt, muss zunächst einen geeignet steilen und langen Anstieg finden, um eine volle Minute schnell bergan laufen zu können. In der Erholungspause trabt man dann einfach zum Ausgangspunkt zurück.

Etwas geringer wird die Gesamtbelastung bei der Variante, die Intervalle auf jeweils 30 Sekunden zu verkürzen, dafür aber 20 Wiederholungen zu absolvieren. Diese Alternative bietet sich an, wenn ein Trainingsgelände nur kürzere Anstiege enthält.

Was Sie unbedingt beachten sollten: Wenn es Ihnen gelingt, die optimale Kombination von Lauftempo und Steigungen zu finden, haben Sie eine äußerst effiziente und hochintensive Trainingsform gefunden. Schon kurze Zeit nach der Belastung fühlt man sich jedoch erstaunlich frisch, was auch damit zusammenhängt, dass die Beine und Füße beim Berganlaufen kaum Stoßbelastungen ausgesetzt sind. Sollte Ihnen das Training in dieser Form zu viel abverlangen, verkürzen Sie die Intensivintervalle um zehn Sekunden und verlängern Sie die Erholungspausen entsprechend.

Das 30-Minuten-Training

Vorzüge: Leistungssteigerung bei allen Wettkampfdistanzen durch Erhöhung der Laktatschwelle. Verbesserte Fähigkeit, bei hohem Tempo locker zu bleiben.

Bevorzugte Ausführung: Das Laufen im Bereich der Laktatschwelle, auch Schwellentraining genannt, ist eine hocheffektive Form von Tempoausdauertraining. Auf eine fünfminütige Erwärmungsphase folgt dabei ein schneller 20-Minuten-Lauf in einem Tempo, das nur etwa sechs Sekunden je Kilometer langsamer sein soll als Ihr aktuelles 10-Kilometer-Wettkampftempo. Einen solchen Lauf bezeichnen erfahrene Läufer gern als «angenehm hart», liegt er doch in der Mitte zwischen normalem Trainingstempo und dem Tempo harter Intervall-Einheiten. Fünf Minuten lockeres Auslaufen runden die halbe Stunde ab.

Was Sie unbedingt beachten sollten: Der Sinn eines Tempodauerlaufs liegt nicht darin, sich total zu verausgaben. Zum Schluss sollten Sie nicht so ausgepumpt sein, dass Sie das Gefühl haben, keinen Schritt mehr vor den anderen setzen zu können. Da es hier in erster Linie darum geht, ein möglichst gleichmäßiges Tempo zu halten, sollte ein ebenes Gelände (zum Beispiel eine 400-Meter-Bahn) gewählt werden. Bei ungünstigem Wetter wie Hitze oder Wind ist das Zieltempo entsprechend niedriger anzusetzen.

Das 40-Minuten-Training

Vorzüge: Bessere Laufökonomie (durch effizientere Sauerstoffverwertung), höhere Schrittfrequenz und Tempoverträglichkeit.

Bevorzugte Ausführung: Beginnen Sie mit acht Minuten lockerem Warmlaufen auf einer Bahn oder einem genau vermessenen Abschnitt. Hier laufen Sie zweimal 200 Meter in einem Tempo, das ungefähr Ihrem optimalen Durchschnittstempo über vier Stadionrunden (1600 Meter) bzw. in einem 1500-Meter-Lauf entspricht. Die zweiten 200 Meter sollen genau zwei Minuten nach dem Start der ersten 200-Meter-Einheit beginnen. Nach weiteren zwei Minuten (wieder vom Beginn des vorangegangenen schnellen Intervalls gerechnet) folgen 400 Meter im selben Tempo wie zuvor die 200-Meter-Abschnitte. Traben Sie anschließend weiter, bis acht Minuten seit dem Beginn der Tempoläufe (bzw. vier Minuten seit dem Start der 400 Meter) vergangen sind. Damit ist eine komplette Serie absolviert. Hängen Sie zwei weitere Serien an, und beenden Sie das Intervall mit einem acht- bis zehnminütigen Auslaufen.

Was Sie unbedingt beachten sollten: Um das Workout sicher durchzustehen, ist es wichtig, sich von Anfang bis Ende diszipliniert an die vorgegebenen Zeiten zu halten.

Das 50-Minuten-Training

Vorzüge: Eine klassische Kombination von Tempoausdauer und Laufökonomie für alle, die ihre Zeiten auf Strecken bis zu zehn Kilometern verbessern möchten. Schult die Konzentration und die Fähigkeit, ein gleichmäßig hohes Tempo zu halten.

Bevorzugte Ausführung: Wärmen Sie sich zehn Minuten im lockeren Trab auf und laufen Sie danach 5x4 Minuten schnell mit jeweils drei Minuten Trabpausen. «Schnell» meint ein Tempo, das Sie maximal 10 bis 15 Minuten durchhalten könnten, sodass Sie am Ende der 4-Minuten-Belastung das Gefühl haben müssen, noch einige Zeit in diesem Tempo weiterlaufen zu können. Beenden Sie das Training mit fünf Minuten Auslaufen.

Was Sie unbedingt beachten sollten: Generell sind bei jeder Art von Intervalltraining zwei Regeln zu beherzigen:

- Die Erholungsphasen sollten jeweils ungefähr so lang wie die Belastungsphasen sein.
- Die Gesamtstrecke der harten Teilabschnitte sollte zehn Prozent des wöchentlichen Kilometerumfangs keinesfalls übersteigen.

Das 60-Minuten-Training

Vorzüge: Dieses Wechsel-Intervalltraining schult Laufökonomie, Schrittfrequenz und mentale Konzentration. Durch den Übergang von flotten langen Abschnitten zu noch schnelleren kurzen Tempospitzen verbessern Sie zudem Ihr Potenzial für die Endphase eines Wettkampfs.

Bevorzugte Ausführung: Nach 10-minütigem Einlaufen folgen drei Abschnitte von jeweils sechs Minuten im Schwellentempo (also etwa sechs

Sekunden je Kilometer langsamer als das aktuelle 10-Kilometer-Wettkampftempo) mit jeweils nur einer Minute Trabpause nach den beiden ersten Tempointervallen und drei Minuten Trab nach der dritten 6-Minuten-Einheit. Anschließend laufen Sie auf einer vermessenen Strecke 3x1000 Meter schnell (siehe 50-Minuten-Workout). Auf die ersten 1000 Meter folgen zwei Minuten, auf die zweiten 1000 Meter vier Minuten Trab zur Erholung.

Abgerundet wird die Einheit dann entweder mit 4x200 Metern oder 2x400 Metern im Bereich Ihres Tempovermögens über 1500 Meter. Die schnellen 200-Meter-Abschnitte werden alle zwei Minuten und die schnellen 400-Meter-Läufe alle vier Minuten gestartet, mit den obligatorischen Trabpausen zwischendurch. Zum Schluss bleiben noch fünf Minuten zum Auslaufen.

Was Sie unbedingt beachten sollten: Dieses Workout ist ein perfektes Allround-Training für jeden, der sich nicht auf eine bestimmte Wettkampfdistanz konzentrieren oder sich in verschiedenen Bereichen gleichzeitig verbessern möchte. Es eignet sich auch als die einzige harte Einheit am Anfang einer Woche, an deren Ende ein Wettkampf stehen soll.

Das 90-Minuten-Training

Vorzüge: Verbessert die Laufökonomie und erhöht die Laktatschwelle. Sie lernen, auch bei höherem Trainingstempo locker zu bleiben. Man könnte dieses Training auch als verkürzten Ausdauerlauf bezeichnen, da es in 90 Minuten alles an aerobem Nutzen und Kalorienverbrennung bietet wie ein normaler Zwei-Stunden-Lauf (und darüber hinaus auch den wichtigen Schwellentrainingseffekt).

Bevorzugte Ausführung: Beginnen Sie mit zehn Minuten Aufwärmen und laufen Sie anschließend 20 Minuten lang im Bereich Ihres Schwellentempos sowie 60 Minuten in Ihrem üblichen Dauerlauf-Trainingstempo. Die 20 schnellen Minuten können Sie ebenso gut in 2x9 Minuten mit zwei Minuten Trabpause oder 3x6 Minuten mit jeweils einer Minute Erholungstrab aufteilen. Eine andere Variante, die Ihr Durchstehvermögen im Wettkampf noch mehr fördert, sieht die 20 Minuten im Schwellentempo erst im Anschluss an die 70 lockeren Minuten vor.

Was Sie unbedingt beachten sollten: Obwohl dieses Training eher auf die Vorbereitung eines Halbmarathons oder Marathons zugeschnitten ist, bietet es auch für 5- und 10-Kilometer-Läufer eine willkommene Abwechslung zu den üblichen Schnelligkeits-Ausdauer-Einheiten im Schwellentempo.

KAPITEL 6 Powertraining

Manchmal muss man im Training neue Wege gehen, um voranzukommen. Wir stellen sieben Trainingseinheiten von internationalen Topläufern vor, denen auch Hobbyläufer einiges abgewinnen können.

Lange galt unter Läufern das martialische Prinzip «Ohne Schmerzen kein Fortschritt». Also: Wer sich im Training nicht tagtäglich schindet, kann auch keinen Leistungszuwachs erwarten.

Wer dieses Prinzip befolgte, lebte weder gesund, noch trainierte er sinnvoll. Zum Glück fand die Großzahl der Läufer wenig Gefallen an einer solch rüden Trainingsfron, und mit der Joggingwelle der siebziger und achtziger Jahre wurde auch das langsame, lockere Laufen immer populärer. Unter dem Slogan «Trimming 130» verschrieben sich hierzulande Tausende und Abertausende dem regenerativen Lauftraining. Fakt ist: Unserer Gesundheit nutzt ein regeneratives Training mit leichten Reizen mehr als ein exzessiv belastendes. Fakt ist aber auch: Echte Leistungssprünge macht nur, wer sich ab und zu richtig ausbelastet, das heißt an die Grenzen seiner körperlichen Belastbarkeit herangeht. (Die Betonung liegt auf «ab und zu»!)

Sieben Trainingspartner, sieben Trainingsprogramme

Ein stark belastendes Training ist fester Bestandteil der Trainingsprogramme aller Laufasse. Doch auch für sie gilt, den Rhythmus von Anspannung und Entspannung, Belastung und Entlastung vernünftig auszubalancieren.

Der Schlüssel zum Erfolg liegt im richtigen Maß: Natürlich gehen Sie nicht täglich an die Grenzen Ihres Leistungsvermögens, sondern zum richtigen Zeitpunkt (nicht öfter als alle zwei Wochen), im angemessenen Umfang (nicht mehr als maximal 8 Kilometer) und mit einer vernünftigen Intensität (nicht schneller als das Wettkampftempo). Wir stellen Ihnen nun sieben Power-Trainingseinheiten vor, die wir so nennen, weil sie das Letzte aus Ihnen herausholen. Doch Vorsicht: Sie taugen nur für erfahrene Läufer mit genügend Wettkampfpraxis. Wettkampfeinsteiger sollten unbedingt die Finger von dieser Art des Trainings lassen.

Am besten lassen sich diese Übungen auf einer Laufbahn absolvieren; zumindest eine verlässlich vermessene Strecke muss es sein. Sie sollten ein solches Power-Training sofort abbrechen, wenn Sie sich überfordert, also extrem müde, schlapp und ausgelaugt fühlen. Schmerzen sind übrigens ein untrügliches Zeichen für eine Überforderung, und niemand zeichnet sich durch besondere Härte, sondern nur durch besondere Dummheit aus, wenn er Schmerzen im Training ignoriert. Unsere Power-Einheiten müssen mehr noch als jede andere Tempoeinheit gut vor- und nachbereitet werden. Für diese Belastungen muss Ihre Muskulatur gut aufgewärmt sein. Nur wer absolut verletzungsfrei ist, sollte sich dieser Herausforderung stellen.

■ **Trainingspartner Rob de Castella (Australien):** Marathon-Weltmeister 1983, Sieger bedeutender Marathonläufe (u. a. Boston, Rotterdam).

Schwierigkeitsgrad: ★★

Training:

1. Laufen Sie sich drei Kilometer in lockerem Tempo ein.
2. Laufen Sie 400 Meter in Ihrem Marathon-Renntempo. (Sind Sie noch keinen Marathon gelaufen, so multiplizieren Sie Ihre aktuelle 10-Kilometer-Bestzeit mit 4,66, um eine realistische individuelle Marathonzeit zu erhalten.)
3. Steigern Sie (ohne eine Pause zu machen) das Lauftempo auf den nächsten 400 Metern bis auf Ihr 5-Kilometer-Renntempo.
4. Wiederholen Sie den Wechsel zwischen 400 Metern im Marathontempo und 400 Metern im 5-Kilometer-Tempo (ohne Pausen dazwischen) drei Mal, insgesamt also sechs Mal 400 Meter.
5. Traben Sie fünf Minuten.
6. Machen Sie sechs weitere 400-Meter-Läufe wie unter Punkt 2–4 beschrieben.
7. Laufen Sie sich drei Kilometer langsam aus.

Trainingsnutzen:

Diese Einheit steigert Ihre aerobe Leistungsfähigkeit und Ausdauer, und Sie lernen, ein entsprechendes Renntempo exakt zu treffen. Rob de Castella absolvierte dieses Programm vor seinen wichtigsten Marathonläufen, machte allerdings mehr als zwei Serien à sechs 400-Meter-Läufe.

■ **Trainingspartnerin Olga Bondarenko (Russland):** 1988 Olympiasiegerin über 10000 Meter

Schwierigkeitsgrad: ★★★★★

Training:

1. Laufen Sie sich drei Kilometer im lockeren Tempo ein.

2. Laufen Sie 400 Meter etwas schneller (2–3 sek) als Ihr 5-Kilometer-Renntempo und joggen Sie anschließend 400 Meter.
3. Laufen Sie 300 Meter in annähernd höchstem Tempo (95–98 Prozent der maximalen Herzfrequenz) und traben Sie anschließend 300 Meter.
4. Laufen Sie 200 Meter in höchstem Tempo und traben Sie anschließend 200 Meter.
5. Sprinten Sie 100 Meter «volle Pulle» und traben Sie 100 Meter.
6. Ohne zu pausieren steigen Sie nun in eine zweite und anschließend dritte Serie dieser scharfen 400–300–200–100-Meter-Serie ein.
7. Traben Sie fünf Minuten im langsamsten Tempo.
8. Versuchen Sie nun noch zwei weitere Serien.
9. Laufen Sie sich drei Kilometer locker aus.

Trainingsnutzen:

Indem Sie lernen, auch bei steigender Müdigkeit noch ein hohes Tempo zu laufen, entwickeln Sie hoffentlich eine ähnliche Spurtstärke, wie sie Olga Bondarenko bei ihrem Olympiasieg 1988 zeigte.

■ **Trainingspartner Kipchoge Keino (Kenia):** 1500-Meter-Olympiasieger 1968 in Mexiko, mehrfacher Weltrekordler (3000 Meter und 5000 Meter)

Schwierigkeitsgrad: ★★★★★

Training:

1. Laufen Sie sich vier Kilometer in langsamem Tempo ein.
2. Laufen Sie dreimal 300 Meter in schnellstmöglichem Tempo mit 100 Meter Trabpause zwischen den Belastungen.
3. Laufen Sie 400 Meter in einem Tempo, das 5 Sekunden schneller als Ihr 5-Kilometer-Renntempo ist, und traben Sie anschließend 400 Meter.
4. Wiederholen Sie die Belastung (3 x 300 Meter, 1 x 400 Meter) noch einmal.
5. Laufen Sie locker vier Kilometer aus.

(Zusatz: Wer sich nicht voll ausbelastet fühlt, kann noch ein bis zwei weitere Serien nach obigem Muster anschließen.)

Trainingsnutzen:

Sie verbessern Ihre anaerobe Leistungsfähigkeit und können – bei sinnvoller Durchführung – vor allem auf den kürzeren Distanzen (5 Kilometer und darunter) Leistungsfortschritte erzielen. Diese Einheit gehörte zu Keinos Trainingsprogramm vor seinem 3000-Meter-Weltrekord 1965 in Helsingborg (7:39,6 min).

■ **Trainingspartner Ron Clarke (Australien):** Mehrfacher Weltrekordler über 5000 und 10000 Meter in den sechziger Jahren, Bronzemedaille über 10000 Meter bei den Olympischen Spielen 1964 in Tokio.

Schwierigkeitsgrad: ★★★★

Training:

1. Suchen Sie sich einen Rasenplatz, ziehen Sie Ihre Laufschuhe aus und laufen Sie sich dreißig Minuten im ruhigen Lauftempo rund um das Feld ein.
2. Machen Sie anschließend zwölf Sprints über das gesamte Feld (maximal 100 Meter) in höchstmöglichem Tempo mit ganz kurzen Trabpausen (max. 10 sek) zwischen den einzelnen Sprints.
3. Laufen Sie sich drei Kilometer in langsamem Tempo aus.

(Zusatz: Wer sich nicht ausbelastet fühlt, darf bis zu 20 Sprints machen.)

Trainingsnutzen:

Eine der Lieblingstrainingseinheiten des Australiers, der nicht von ungefähr siebzehn Weltrekorde aufstellte. Diese Einheit stärkt nicht nur Fußmuskeln und -gelenke, sondern verbessert auch die maximale Sauerstoffaufnahme – eine gute Basis für mehr Spurtpower.

■ **Trainingspartner Dieter Baumann (Deutschland):** 5000-Meter-Olympiasieger 1992, Olympiazweiter 1988, Europameister 1994, vielfacher Deutscher Meister, erfolgreichster deutscher Langstreckler aller Zeiten.

Schwierigkeitsgrad: ★★★★★

Training:

1. Laufen Sie sich vier Kilometer in langsamem Tempo ein.
2. Machen Sie vier lockere Steigerungsläufe über ca. 100 Meter.
3. Laufen Sie zehnmal 500 Meter im 5-Kilometer-Renntempo mit maximal einer Minute Trabpause (etwa 200 Meter) zwischen den 500-Meter-Belastungen.
4. Laufen Sie direkt anschließend weitere viermal 500 Meter (mit je einer Minute Trabpause) in einem Tempo, welches zwei bis drei Sekunden schneller als die ersten zehn Belastungen ist.
5. Traben Sie drei Kilometer langsam aus.

Trainingsnutzen:

Verbesserung der aerob/anaeroben Grundlagen und Schulung der speziellen Wettkampfausdauer. «Das ist ein echtes Killertraining. Damit muss man vorsichtig umgehen.» (Dieter Baumann)

■ **Trainingspartner Ismael Kirui (Kenia):** 5000-Meter-Weltmeister 1993 und 1995.

Schwierigkeitsgrad: ★★★

Training:

1. Suchen Sie sich eine Laufstrecke im Wald und laufen Sie sich drei Kilometer in langsamem Tempo ein.
2. Wechseln Sie 36 Minuten lang zwischen zwei schnellen Laufminuten

(etwas langsamer als 10-Kilometer-Renntempo) und einer langsamen Laufminute (lockeres Dauerlauftempo) ab.

3. Steigern Sie das Tempo in den zwei schnellen Minuten langsam bis auf ein etwa Ihrem 5-Kilometer-Renntempo entsprechendes Tempo.
4. Laufen Sie in langsamem Tempo drei Kilometer aus.

Trainingsnutzen:

Diese Einheit stärkt die aerobe Leistungsfähigkeit und Tempoausdauer. Ismael Kirui trainierte nach diesem Muster, wenn er im Flachland unterwegs war, zum Beispiel während der europäischen Wettkampfsaison, und den Rhythmuswechsel seiner Berg-und-Tal-Trainingsstrecken im kenianischen Hochland vermisste.

■ **Trainingspartner Marquis de Sade (Frankreich):** Französischer Schriftsteller des 18. Jahrhunderts, der dem Phänomen «Sadismus» seinen Namen gab.

Schwierigkeitsgrad: ★★★★★

Training:

1. Laufen Sie sich drei Kilometer in langsamem Tempo ein.
2. Laufen Sie 800 Meter im 10-Kilometer-Renntempo und traben Sie anschließend zwei Minuten.
3. Laufen Sie 400 Meter im 5-Kilometer-Renntempo und traben Sie eine Minute.
4. Laufen Sie 400 Meter in nahezu höchstmöglichem Tempo (95–98 Prozent der maximalen Herzfrequenz) und anschließend ohne Pause noch einmal 800 Meter im 10-Kilometer-Renntempo.
5. Traben Sie zwei Minuten und sprinten Sie zum Abschluss der Serie 200 Meter im höchstmöglichen Tempo.
6. Traben Sie fünf Minuten und wiederholen Sie die 800–400–400–800–200-Meter-Serie nochmal.

Und wer jetzt noch nicht genug hat, tut es sich noch ein drittes Mal an.

Trainingsnutzen:

Sie lassen Ihre maximale Sauerstoffaufnahme in die Höhe schießen und lernen, auf höchstem Niveau mit Ihren Kräften zu haushalten. Soweit bekannt, hat der Marquis de Sade niemals Sport in unserem Sinne getrieben, aber an diesem Gewaltakt hätte er bestimmt seine Freude gehabt, wenn athletische Körperertüchtigung zu seinen bevorzugten Genüssen gezählt hätte.

Training auf dem Laufband

Das Laufband ist ein ausgezeichnetes Trainingsgerät, das nicht nur im Winter bei Eis und Schnee eine komfortable Alternative ist. Gute Gründe, die für ein Training auf dem Laufband sprechen:

Winter: Draußen friert und schneit es, die Wege sind vereist, kaum ein Pfad ist geräumt. Nicht nur dass ein Training unter diesen Bedingungen kaum jemandem Spaß macht, auch die Verletzungsanfälligkeit ist bei Kälte und vereisten Wegen höher. Schnelles Laufen unter diesen Umständen ist riskant – Grund genug, ein Fitnessstudio aufzusuchen. Erkundigen Sie sich nach Möglichkeiten einer Probemitgliedschaft (für ein oder zwei Monate). Nutzen Sie die Geräte, um etwas für die Kräftigung Ihrer Rumpfmuskulatur zu tun, und genießen Sie die Sauna, mit denen gute Studios in der Regel ausgestattet sind.

Hitze: Im Sommer gibt es Tage, an denen Hitze und hohe Luftfeuchtigkeit das Lauftraining stark erschweren. Fitnessstudios sind meist gut klimatisiert und somit an heißen Sommertagen ein idealer Schlupfwinkel für ein Lauftraining auf dem Band.

Beruf: Leider liegen nur die wenigsten Büros direkt an einem schönen Park oder Wald. Zudem verfügen nicht alle Büros über Duschen. Ein Fitnessstudio ist dagegen für viele Berufstätige in erreichbarer Nähe. Warum also nicht in der Mittagspause einige schnelle Schritte auf dem Laufband hinlegen? Danach fühlen Sie sich wie neu geboren zwischen Ihren Kolleginnen und Kollegen, die nach dem Mittagessen müde am Schreibtisch hängen.

Familie: Sie wollen trotz familiärer Ansprüche auf Ihr Lauftraining nicht verzichten? Die beste Möglichkeit, beides zu verbinden, ist das Laufband im heimischen Keller (oder wo immer Sie dieses Fitnessgerät in Ihrer Wohnung aufstellen können). So können Sie manche freie Minute für das Training nutzen. Ein Leser berichtete der Redaktion, dass er seine sechs Monate alte Tochter neben das Laufband gelegt hatte. Nach kurzer Zeit war die Kleine durch das monotone Surren und die gleichmäßigen Laufschritte selig eingeschlafen. (So entgegenkommend sind Kinder, die den Babysachen entwachsen sind, leider nicht mehr …)

Tempo: Das Lauftempo läßt sich nirgends präziser bestimmen als auf einem Laufband. Sie geben dem Band vor, wie schnell Sie laufen wollen. Wichtig wird dies vor allem bei Tempoprogrammen, wie sie bei ambitionierten Läufern unumgänglich sind. Häufig stürmt man beim Bahntraining im Stadion bei den ersten Belastungen viel zu schnell drauflos und korrigiert das Tempo erst auf der zweiten Streckenhälfte. Dann ist es aber meist zu spät und das Pulver schon verschossen. Das kann auf dem Laufband nicht passieren: Das Band kennt nur das programmierte Tempo, und das ist gleichmäßig.

Steigungen: Ein dosiertes Hügeltraining ist eine der wirkungsvollsten Trainingsmethoden, um die Laufleistung zu steigern. Ein Problem für viele Läufer: sie finden keine geeigneten Steigungen. Auf guten Laufbändern kann man verschiedene Steigungsgrade einstellen und somit perfekt Hügelprogramme simulieren und schließlich ausbauen. Vom leichten Hügel bis zum steilen Gebirgspfad – die Steigungsgrade reichen bis zu 25 Prozent.

Sicherheit: Ein Laufband steht im Fitnessstudio oder zu Hause, beides Orte, an denen Sie sicher sind. Wer Angst vor Hunden hat oder – vor allem im Winter – ungern im Dunkeln allein unterwegs ist, für den führt kein Weg am Laufband vorbei. Ein Laufband ist vor allem für Frauen ideal, die keine Laufgruppe oder Mitläufer haben.

Verletzung: Ein Laufband sollte leicht gefedert sein. Damit entspricht es in etwa Bodenverhältnissen, wie man sie im Wald vorfindet. Ein solcher Untergrund empfiehlt sich nicht zuletzt in der Regenerationsphase nach Verletzungen. Außerdem geht es auf dem Laufband immer nur geradeaus. Das bedeutet, es gibt keine einseitigen Belastungen wie auf einer Rundbahn oder einer Strecke mit seitlich abfallendem Straßenrand. Wer häufig auf dem Laufband trainiert, bleibt von Achillessehnen- oder Knieproblemen eher verschont als Läufer, die nur in der freien Natur trainieren. Dies haben Untersuchungen an der State University in Cleveland (USA) ergeben.

Eine Frage der Gewöhnung

Das Laufen auf dem Band ist gewöhnungsbedürftig. Allerdings reichen wenige Minuten, um ein Gefühl für diese Art der Fortbewegung zu bekommen. Beginnen Sie im Gehtempo, um das Bewegungsgefühl auf dem Band kennen zu lernen. Steigern Sie langsam und tasten Sie sich an ein schnelleres Tempo heran. Vorsicht ist auch geboten, wenn Sie Ihr Laufbandtraining beenden. Stoppen Sie keinesfalls abrupt ab, sondern lassen Sie das Band über mehrere Minuten sukzessive langsamer werden, sonst torkeln Sie leicht wie angetrunken. Am besten, Sie beenden ein Laufbandtraining mit Gehschritten.

Die Argumente der Laufbandgegner sind bekannt. «Was kann langweiliger sein, als auf der Stelle zu laufen und dabei immer auf ein und dieselbe Wand zu starren?» Wer dies behauptet, hat noch nie auf einem

LAUFBANDTEMPO IM VERGLEICH

Die Laufgeschwindigkeit auf dem Laufband ist nicht direkt zu vergleichen mit dem Tempo, das man im Freien läuft. Der Grund: fehlender Luftwiderstand. Beispiel: 8 Stundenkilometer (auf der Laufbandanzeige) entsprechen einem Tempo von 7:30 min/km (Laufbandanzeige, null Grad Steigung). Dies entspricht einem Tempo von 7:48 min/km im Freien. Bei einer Steigung von 1 Prozent (Einstellung am Laufband) entspricht die Laufbandgeschwindigkeit einem Tempo von 7:18 min im Freien. In diesem Fall entspräche eine Einstellung von 0,5 Prozent Steigung etwa demselben Tempo im Freien.

km/h	min/km	0%*	1%	2%	3%	4%	5%	6%	7%	8%	9%	10%
8	7:30	7:48	7:18	6:55	6:32	6:15	6:00	5:45	5:33	5:22	5:12	5:03
12	5:00	5:10	4:58	4:45	4:35	4:26	4:17	4:10	4:02	3:56	3:50	3:45
16	3:45	3:52	3:45	3:38	3:32	3:26	3:21	3:16	3:11	3:07	3:03	2:59

Wichtig: Laufbänder unterscheiden sich von Modell zu Modell, deshalb sind die Zahlen nur ungefähre Anhaltspunkte.

* Die Laufgeschwindigkeit auf einem Laufband ohne Steigung entspricht einer geringeren Belastung als die auf einer flachen Strecke im Freien, da der Luftwiderstand wesentlich geringer ist.

Laufband trainiert. Das Training auf einem Laufband hat gerade durch die vielfältigen Möglichkeiten, die diese Hightech-Geräte heute bieten, durchaus seine unterhaltsamen Seiten. Wer zu Hause im Keller trainiert, kann sich per Walkman oder Fernseher zerstreuen. Auch bieten immer mehr Fitnessstudios die Kombination von Laufband und TV-Monitor an. Bei einigen besteht sogar die Möglichkeit, eigene Videos abzuspielen.

Der leichteste Weg, der Laufband-Monotonie zu begegnen, ist natürlich ein abwechslungsreiches Trainingsprogramm. Spielen Sie mit den Möglichkeiten, die das Gerät bietet, wechseln Sie die Geschwindigkeiten und Steigungsgrade, programmieren Sie sich einen anspruchsvollen Trainingsparcours, der auch einige Steigungen aufweist.

Dauerläufe

Starten Sie das Dauerlauftraining langsam, dabei gewöhnen Sie sich an die Dimensionen des Bandes, schulen Ihr Koordinationsgefühl und bringen erst einmal den Kreislauf in Schwung. Steigern Sie das Tempo nach der Einlaufphase vorsichtig und spielen Sie dabei mit der Geschwindigkeit und den Steigungsgraden. Ein Beispiel: Sie wollen 50 Minuten in einem durchschnittlichen Lauftempo von 6 Minuten pro Kilometer laufen. Beginnen Sie das Programm mit einem Tempo von 6:10 min/km, steigern Sie nach fünf Minuten auf 6:00 min/km und nach weiteren fünf Minuten auf 5:50 min/km. Alle zwei Minuten wechseln Sie zwischen diesen drei Tempobereichen ab. Laufen Sie schließlich von den letzten zehn Minuten fünf in 5:50 min/km und die letzten fünf Minuten wieder in 6:00 min/km. Die Beanspruchung ist trotz der Tempovarianten nicht größer, als wenn Sie im Wald 50 Minuten im vermeintlich gleichmäßigen Tempo joggen. Eine Waldstrecke bietet durch ihre natürliche Anlage schließlich auch immer Tempovarianten, z. B. durch leichte Steigungen oder verschiedene Laufuntergründe.

Tempoläufe

Auf dem Laufband lassen sich die Tempolauf-Programme abwickeln, die Sie auch von der Laufbahn kennen, und natürlich sind sie ebenso belastend. Viele Laufbänder bieten fest installierte Intervallprogramme, aber auch die Möglichkeit, individuelle Programme einzuspeichern. Bietet Ihr Laufband nicht den Luxus einer differenzierten Programmvorgabe, müssen Sie eben von Belastung zu Belastung das Tempo neu einstellen, was auch nicht mehr als einen kurzen Fingerdruck beansprucht.

Bergauf-Training

Bergauf laufen stärkt die Muskulatur und bereitet den Körper schonend auf ein anaerobes Training vor, wenn man die Belastung vorsichtig dosiert. Beansprucht werden im Bergauf-Training vor allem die vordere Oberschenkel- und die Wadenmuskulatur. Geschult wird die Kraftausdauer und nicht die Maximalkraft der Muskeln. Die Kraftausdauer hat einen maßgeblichen Einfluss auf die Herausbildung eines optimalen Verhältnisses von Schrittlänge und Schrittfrequenz, was Ihnen auch im flachen Gelände zugute kommt.

Das Bergauflaufen schont den gesamten Stütz- und Bewegungsapparat des Körpers, da die Aufprallkräfte durch die Steigung stark gemindert werden. Nicht umsonst erholt sich die Muskulatur nach einem Bergauflauf viel schneller als nach einem Lauf im Flachen oder gar bergab, wo teilweise ein Mehrfaches des Körpergewichts abgefangen wird.

Tipps zum Bergauflaufen

- Je steiler der Anstieg, desto mehr werden der Fußaufsatz wie auch der Fußabdruck auf den Vorfuß verlagert. Das gilt auch für Fersenläufer, die im flachen Gelände mit dem Rückfuß aufsetzen und über den gesamten Fuß abrollen.
- Die Schrittfrequenz erhöht sich beim Übergang von einer flachen in eine ansteigende Passage. Mit zunehmender Steigung wird die Schrittlänge kürzer. Bei Berglauf-Wettkämpfen gibt es auch Passagen, wo ein Laufschritt keine schnellere Fortbewegung garantiert als ein weniger kraftaufwendiger Gehschritt.
- Der Laufschritt wird dem Gelände angepasst. Auf Asphaltstraßen oder befestigten Wegen ist der Schrittrhythmus auch in Anstiegen noch gleichmäßig. Auf unbefestigten, unebenen Abschnitten variiert die Schrittlänge, um Hindernissen auf dem Weg (Steine, Wurzeln usw.) auszuweichen. Es ist immer günstiger, hinter einem Hindernis aufzutreten als davor, sonst gerät man leicht ins Stolpern. Gut profiliertes Schuhwerk ist im bergigen Gelände von Vorteil.
- Der Körper wird in der Steigung in eine leichte Vorlage gebracht. Dadurch liegt der Körperschwerpunkt günstiger zum Berg. Bei aufrechtem Körper wirkt die Schwerkraft gegen die Laufrichtung. Die Folge: unökonomischer Laufstil und enormer Kraftverlust.
- Der Armeinsatz ist bergauf deutlich kräftiger als auf flachen Strecken und beansprucht die Arm- und Schultermuskulatur.
- Der Blick sucht nicht den Gipfel, sondern ist einige Meter voraus gerichtet. Gerade bei einer langen Steigung sollte man sich nicht durch das Fixieren des höchsten Punktes am Horizont entmutigen lassen. Andererseits ist es nur bei extrem schwierigem Untergrund nötig, direkt vor die Füße zu starren, um sicher aufzutreten.

KAPITEL 7

Wintertrainingsprogramme

Wir präsentieren Ihnen fünf Trainingsprogramme, die einfach auszuführen sind und viel bringen. So kommen Sie in Bestform über den Winter.

Haben Sie manchmal den Eindruck, dass Sie mit «großartigen Trainingsideen» geradezu traktiert werden? Laufkollegin Isabel sagt dies, Lauftreffleiter Ernst jenes, und kurz vor dem letzten Wettkampf hat Ihnen ein wildfremder Mensch eine Trainingsmethode ans Herz gelegt, die Sie in Ihrem Vorwärtsdrang revolutionieren würde ... Das ist Läuferalltag.

Wenn Sie sich unsere Trainingsvorschläge genau ansehen, werden Sie schnell erkennen, dass alle auf denselben Prinzipien basieren – Trainingsprinzipien, die seit Jahren bekannt sind und an deren Effektivität sich in den letzten Jahrzehnten nichts geändert hat.

Das System, das wir Ihnen hier vorstellen, wurde von Amby Burfoot, dem Chefredakteur der amerikanischen RUNNER'S WORLD-Ausgabe, entwickelt; es ist klar, einfach und nachvollziehbar. Burfoot war nicht nur 1968 Sieger des legendären Boston Marathon, sondern gilt als einer der erfahrensten Läufer überhaupt. Sie werden verblüfft sein, wie leicht und einfach sich Ihre Form steigern lässt, egal welches konkrete sportliche Ziel Sie verfolgen. Aber auch hier lautet die Devise: Probieren geht über studieren. Die Leistungsfähigkeit wird dabei durch folgende Faktoren aufgebaut: durch größere Distanzen, längere Laufzeit; und/oder mehr Wiederholungen oder Intervalle; und/oder wachsendes Lauftempo; und/oder kürzere Pausen.

Suchen Sie sich das Programm aus, das am besten zu Ihren Ambitionen und Ihrer Verfassung passt.

Programm I

Ziel:
Verbesserung der Schnelligkeit, z. B. für einen 5-Kilometer-Wettkampf.

Trainingseinheit:
Suchen Sie eine Laufbahn und machen Sie sich im langsamsten Lauftempo zehn Minuten warm. Laufen Sie anschließend acht Runden (eine

Runde = 400 Meter) mit jeweils 200 schnellen und 200 langsamen Metern. Laufen Sie bei den schnellen Abschnitten wirklich zügig, aber nicht «volle Pulle». Sie werden bald wissen, wie schnell Sie die einzelnen Abschnitte laufen dürfen, um die kompletten acht Runden beenden zu können. Laufen Sie sich anschließend zehn Minuten langsam wieder aus.

Amby Burfoots Kommentar:

«Dies ist wirklich eine sehr, sehr harte Trainingseinheit. Aber sie ermöglicht Ihnen, auch dann noch schnell zu laufen, wenn die Müdigkeit schon in Ihnen steckt.»

1. Woche:

10 Minuten Einlaufen. Laufen Sie dann 8 Runden (à 400 Meter) abwechselnd 200 Meter schnell/200 Meter langsam. 10 Minuten Auslaufen.

2. Woche:

10 Minuten Einlaufen. Laufen Sie 9 Runden (à 400 Meter) abwechselnd 200 Meter schnell/200 Meter langsam. 10 Minuten Auslaufen.

3. Woche:

10 Minuten Einlaufen. Laufen Sie 10 Runden (à 400 Meter) abwechselnd 200 Meter schnell/200 Meter langsam. 10 Minuten Auslaufen.

4. Woche:

10 Minuten Einlaufen. Laufen Sie 11 Runden (à 400 Meter) abwechselnd 200 Meter schnell/200 Meter langsam. 10 Minuten Auslaufen.

5. Woche:

10 Minuten Einlaufen. Laufen Sie 12 Runden (à 400 Meter) abwechselnd 200 Meter schnell/200 Meter langsam. 10 Minuten Auslaufen.

Programm 2

Ziel:

Verbesserung der Beinkraft.

Trainingseinheit:

Laufen Sie sich zehn Minuten ein, und beenden Sie die Aufwärmphase am Fuße einer 50 bis 100 Meter langen Steigung. Machen Sie einige harte, aber kontrollierte Bergaufläufe, zwischen denen Sie immer wieder zum Ausgangspunkt zurücktraben, bevor es erneut den Berg hinaufgeht. Beenden Sie die Trainingseinheit mit einem entspannten zehnminütigen Auslaufen.

Amby Burfoots Kommentar:

«Bergaufläufe verbessern nicht nur die Beinkraft, sondern auch die Schnelligkeit, Laufökonomie und Kraftausdauer.»

1. Woche:

Einlaufen. Sprinten Sie 3 x zirka 100 Meter den Berg hinauf, und traben Sie anschließend dieselbe Distanz wieder hinab. Auslaufen.

2. Woche:

Einlaufen. Sprinten Sie 4 x zirka 100 Meter den Berg hinauf, und traben Sie anschließend dieselbe Distanz wieder hinab. Auslaufen.

3. Woche:

Einlaufen. Sprinten Sie 5 x zirka 100 Meter den Berg hinauf, und traben Sie anschließend dieselbe Distanz wieder hinab. Auslaufen.

4. Woche:

Einlaufen. Sprinten Sie 6 x zirka 100 Meter den Berg hinauf, und traben Sie anschließend dieselbe Distanz wieder hinab. Auslaufen.

5. Woche:

Einlaufen. Sprinten Sie 7 x zirka 100 Meter den Berg hinauf, und traben Sie anschließend dieselbe Distanz wieder hinab. Auslaufen.

6. Woche:

Einlaufen. Sprinten Sie 8 x zirka 100 Meter den Berg hinauf, und traben Sie anschließend dieselbe Distanz wieder hinab. Auslaufen.

Programm 3

Ziel:

Verbesserung der Schnelligkeit, z. B. für einen 10-Kilometer-Wettkampf.

Trainingseinheit:

Ein 40-minütiger lockerer Dauerlauf mit einigen 30 Sekunden langen Antritten zwischendurch. Die Antritte sollten in sehr hohem, aber gleich bleibendem Tempo gelaufen werden.

Amby Burfoots Kommentar:

«Manchmal muss man raus aus seinem Trott. Wie sollte man das besser können als mit einigen scharfen Antritten auf seiner angestammten Laufrunde, die man sonst im immer gleichen Tempo hinter sich bringt.

1. Woche:

Laufen Sie 40 Minuten mit einem 30-sekündigen Antritt nach der 10., 20. und 30. Minute. Nach jedem Antritt laufen Sie locker weiter.

2. Woche:

Laufen Sie 40 Minuten mit einem 30-sekündigen Antritt nach der 8., 16., 24. und 32. Minute. Nach jedem Antritt laufen Sie locker weiter.

3. Woche:

Laufen Sie 40 Minuten mit einem 30-sekündigen Antritt nach der 6., 12., 18., 24., 30. und 36. Minute. Nach jedem Antritt laufen Sie locker weiter.

4. Woche:

Laufen Sie 40 Minuten mit einem 30-sekündigen Antritt nach der 5., 10., 15., 20., 25., 30. und 35. Minute. Nach jedem Antritt laufen Sie locker weiter.

5. Woche:

Laufen Sie 40 Minuten mit einem 30-sekündigen Antritt nach der 4., 8., 12., 16., 20., 24., 28., 32. und 36. Minute. Nach jedem Antritt laufen Sie locker weiter.

6. Woche:

Laufen Sie 40 Minuten mit einem 30-sekündigen Antritt nach der 3., 6., 9., 12., 15., 18., 21., 24., 27., 30., 33. und 36. Minute. Nach jedem Antritt laufen Sie locker weiter.

Programm 4

Ziel:
Verbesserung des Stehvermögens.

Trainingseinheit:
Eine Serie von schnellen 400-Meter-Wiederholungen auf der Laufbahn mit immer kürzer werdenden Trabpausen zwischen den Belastungen.

Amby Burfoots Kommentar:
«Die immer kürzer werdenden Pausen werden Sie in die Lage versetzen, auch dann noch schnell zu laufen, wenn die Müdigkeit Sie packt.»

1\. Woche:
10 Minuten Einlaufen. Laufen Sie 8x400 Meter (= eine Runde auf der Bahn) in schnellem Tempo. Traben Sie nach jeder Runde 3 Minuten in langsamem Tempo. 10 Minuten Auslaufen.

(Ein Hinweis für erfahrene Läufer: Mit «schnellem Tempo» ist in etwa das 5-Kilometer-Wettkampftempo gemeint.)

2\. Woche:
10 Minuten Einlaufen. Laufen Sie 8x400 Meter in schnellem Tempo. Traben Sie nach jeder Runde 2:45 Minuten in langsamem Tempo. 10 Minuten Auslaufen.

3\. Woche:
10 Minuten Einlaufen. Laufen Sie 8x400 Meter in schnellem Tempo. Traben Sie nach jeder Runde 2:30 Minuten in langsamem Tempo. 10 Minuten Auslaufen.

4\. Woche:
10 Minuten Einlaufen. Laufen Sie 8x400 Meter in schnellem Tempo. Traben Sie nach jeder Runde 2:15 Minuten in langsamem Tempo. 10 Minuten Auslaufen.

5\. Woche:
10 Minuten Einlaufen. Laufen Sie 8x400 Meter in schnellem Tempo. Traben Sie nach jeder Runde 2 Minuten in langsamem Tempo. 10 Minuten Auslaufen.

6\. Woche:
10 Minuten Einlaufen. Laufen Sie 8x400 Meter in schnellem Tempo. Traben Sie nach jeder Runde 1:45 Minuten in langsamem Tempo. 10 Minuten Auslaufen.

Programm 5

Ziel:
Verbesserung der speziellen Ausdauer für 10-Kilometer- bis Halbmarathonwettkämpfe.

Trainingseinheit:
Suchen Sie sich einen schönen Pendelkurs, auf dem Sie bis zum Wendepunkt etwa 30 langsame Laufminuten benötigen. Laufen Sie auf dem Rückweg dieselbe Strecke in schnellerem Tempo und kürzerer Zeit.

Amby Burfoots Kommentar:
«Sie schaffen mit dieser Trainingseinheit einige Laufkilometer, und Sie lernen, wie reizvoll es ist, auf dem zweiten Streckenabschnitt noch einmal Gas zu geben.»

1. Woche:

Laufen Sie in langsamem Tempo 30 Minuten, drehen Sie dann um und laufen dieselbe Strecke in 28:30 Minuten zurück.

2. Woche:

Laufen Sie in langsamem Tempo 30 Minuten, drehen Sie dann um und laufen dieselbe Strecke in 27:00 Minuten zurück.

3. Woche:

Laufen Sie in langsamem Tempo 30 Minuten, drehen Sie dann um und laufen dieselbe Strecke in 25:30 Minuten zurück.

4. Woche:

Laufen Sie in langsamem Tempo 30 Minuten, drehen Sie dann um und laufen dieselbe Strecke in 24:00 Minuten zurück.

5. Woche:

Laufen Sie in langsamem Tempo 30 Minuten, drehen Sie dann um und laufen dieselbe Strecke in 22:30 Minuten zurück.

KAPITEL 8 Der Puls als Trainer

Wer sich bei seinem Training an der Herzfrequenz orientiert, kann die Belastungen effektiv dosieren. Denn die Herzfrequenz gibt Aufschluss über das Ausmaß einer körperlichen Anstrengung.

Die Herzfrequenz gilt als zuverlässiger Parameter für eine körperliche Beanspruchung. Deshalb hilft sie, die richtige Trainingsintensität zu bestimmen. Aus diesem Grund basieren die meisten Trainingsvorgaben auf Herzfrequenzwerten.

Herzfrequenz und Belastungsintensität

Mit jedem Herzschlag wird eine konstante Menge Blut und Sauerstoff durch den Körper gepumpt. Bei einem einstündigen Dauerlauf sind dies etwa zehntausendmal jeweils bis zu 200 Milliliter Blut. Der Anstieg der Herzfrequenz entspricht in etwa dem Anstieg der Sauerstoffaufnahme sowie des Energieverbrauchs und damit auch der Belastungsintensität. Erst bei höherer Laufgeschwindigkeit im Bereich der Übersäuerung verlangsamt sich bei den meisten Läufern der Anstieg der Herzfrequenz. Bis zu diesem Punkt aber ist die Herzfrequenz ein objektives Maß für die Belastungsintensität.

Es gibt zwei Methoden, die Herzfrequenz zu bestimmen: manuell mit der Hand am Puls oder elektronisch mit einem Herzfrequenzmessgerät. Bis in die frühen achtziger Jahre fand fast ausschließlich die manuelle Methode bei Läufern Anwendung. Mit den Fingern am Handgelenk oder der Halsschlagader wurde der Puls während oder nach einer Laufeinheit gemessen. Das hieß: Training unterbrechen, stehen bleiben, rechnen und weiterlaufen. Dabei wurde vor allem bei intensiveren Belastungen der Laufrhythmus immer wieder unterbrochen. Herzfrequenzmessgeräte sind da wesentlich effizienter und arbeiten genauer. Sie bestehen aus einem Sender in einem Brustgurt und einem Empfänger in einer Uhr am Handgelenk. Herzfrequenzmessgeräte sind heute nicht teurer als ein gutes Paar Laufschuhe, halten dafür aber länger. Für Läufer empfiehlt sich auf jeden Fall ein Gerät, das neben der Pulsanzeige auch die übliche Ausstattung einer Stoppuhr bietet.

Ansonsten kann man über die Unverzichtbarkeit mancher Zusatzfunktionen geteilter Meinung sein: So bieten viele Herzfrequenzmessgeräte neben der Angabe der aktuellen Pulswerte auch eine Zielzonenfunktion zum Einstellen von unteren und oberen Belastungsgrenzen, deren Unter- oder Überschreiten durch einen Alarm angezeigt wird. Dies ist zwar grundsätzlich sinnvoll, kann aber auch irritieren, wenn man die Zielzone zu eng definiert und das Gerät schon beim Aufkreuzen eines Hundes Alarm schlägt. Ambitionierte Läufer sollten ein Gerät mit Herzfrequenz-Speicherfunktion wählen, weil dieser wie ein «Bordcomputer» eine systematische Auswertung der Belastungen im Anschluss an das Training ermöglicht. Grundsätzlich gilt: Wer weniger ambitioniert trainiert, braucht weniger Funktionen; Minimum aber sind die Pulsanzeige und die normalen Stoppuhrfunktionen.

Der Puls bestimmt das Tempo

Wer sich beim Training streng an der Herzfrequenz orientiert, kann seine Belastungen effektiv dosieren. Den meisten Läufern fällt es nicht leicht, das eigene Leistungsvermögen realistisch einzuschätzen. In der Regel trainieren sie zu intensiv. Vor allem beim Training in Laufgruppen fällt es schwer, sein Limit nicht ständig zu überziehen. Ein Herzfrequenzmessgerät kann da sehr hilfreich sein; man sollte sich aber nicht sklavisch darauf einlassen und so den Spaß an der Bewegung aufs Spiel setzen – es ist ein Hilfsmittel, nicht mehr. Es kann nicht schaden, seinen Gefühlen freien Lauf zu lassen, den Pulsmesser und die Stoppuhr in der Schublade liegen zu lassen und einfach mal «unverdrahtet» drauflos zu laufen.

Die richtige Herzfrequenz

Trainingsintensitäten lassen sich nicht in allgemein gültigen Herzfrequenzwerten angeben. Wer sich beim Training an der Herzfrequenz orientiert, muss wissen, dass Trainingspartner bei demselben Tempo, auf derselben Strecke und bei derselben Anstrengung unter Umständen völlig unterschiedliche Pulswerte haben. Die Herzfrequenz ist eine individuelle Größe; jeder Mensch hat einen eigenen Ruhe- und Maximalpuls. Wie die Körpergröße oder die Beinlänge kann die Relation von Pulsfrequenz und Belastung in weiten Bereichen schwanken.

Der Maximalpuls als Grundlage

Laufintensitäten werden am sinnvollsten in Prozent des Maximalpulses gemessen. Dazu muss allerdings erst der individuelle Maximalpuls bekannt sein. Zur Ermittlung der persönlichen maximalen Herzfrequenz gibt es gängige Formeln; eine lautet: 220 minus Lebensalter. Diese Angabe ist aber sehr ungenau. Ein bisschen Mühe und Schweiß muss man schon investieren, um einen exakteren Wert zu erhalten. Am besten hält man die Herzfrequenz gegen Ende eines 3- oder 5-Kilometer-Laufs in schnellstmöglichem Tempo fest, möglichst direkt nach dem Endspurt. Wichtig bei diesem Testlauf: 1. Wärmen Sie sich auf, denn ein langes Warmlaufen führt später eventuell zu einem höheren Maximalpuls (höhere Körpertemperatur, rascherer Blutfluss). 2. Gehen Sie ausgeruht in den Testlauf, nur dann können Sie im Test an Ihre Grenzen gehen.

Dauerlauf ist nicht gleich Dauerlauf

Effektives Lauftraining setzt sich aus verschiedenen Trainingselementen zusammen, die sich vor allem durch die Laufgeschwindigkeiten voneinander unterscheiden. Die niedrigste Belastungsstufe ist der regenerative Dauerlauf, dessen Tempo unter 75 Prozent des Maximalpulses liegt. Bei dieser Trainingsform existiert eigentlich keine Belastungsuntergrenze. Die höchste Belastungsstufe dürfte naturgemäß beim Endspurt in einem Wettkampf erreicht werden (oder in entsprechend ehrgeizigen «Trainingsrasereien»).

Regenerativer oder langer Dauerlauf

70–75 Prozent der maximalen Herzfrequenz

Beim regenerativen Dauerlauf läuft man mit dem niedrigsten Trainingstempo. Kurze Läufe in diesem Lauftempo werden nur zur Erholung zwischen harten Wettkämpfen oder Trainingsläufen durchgeführt. Längere Läufe im niedrigsten Lauftempo dienen der Verbesserung der Langzeitausdauer. Die Herzfrequenzmessung soll hier das Trainingstempo nicht antreiben. Hier geht es nur darum, mit Hilfe des Pulsmessers ein Abdriften in einen zu hohen Belastungsbereich zu verhindern. Dieses Lauftempo ist das sinnvollste für Laufeinsteiger und für das allgemeine Grundlagentraining.

Lockerer Dauerlauf

75–85 Prozent der maximalen Herzfrequenz

Bei diesem «Wohlfühltempo» ist eine Unterhaltung während des Laufens immer möglich; man ist schneller unterwegs als beim regenerativen Laufen, sollte jedoch nie in den Bereich der Übersäuerung geraten. Hier hat die Messung der Herzfrequenz eine Doppelfunktion: als Tempokontrolle nach oben und nach unten.

Wichtig ist, dass man während der ersten fünf bis zehn Minuten nach dem Start noch nicht auf die Herzfrequenz achtet. Erst nach Ablauf der Aufwärmphase entspricht die Herzfrequenz der tatsächlichen Belastungsintensität. Wer bereits von Beginn an versucht, die Herzfrequenzvorgabe einzuhalten, landet unweigerlich in der vorzeitigen Übersäuerung.

Tempodauerlauf

85–90 Prozent der maximalen Herzfrequenz

Tempodauerläufe werden in der höchsten, gerade noch ohne Übersäuerung möglichen Laufgeschwindigkeit absolviert. (Bei Marathonläufern etwa entspricht der Tempodauerlauf dem Wettkampftempo). Auch hier signalisiert die Herzfrequenzmessung die obere und untere Grenze. Das Aufwärmen treibt die Herzfrequenz schneller auf das angestrebte Niveau. Ein Kriterium für einen effektiven Tempodauerlauf ohne zunehmende Übersäuerung ist ein stabiler Herzfrequenzverlauf. Das bedeutet, dass die Herzfrequenz ab der fünften Belastungsminute bis zum Ende des Tempodauerlaufs nur noch unwesentlich ansteigt. Ein Endspurt mit kurzfristiger Pulserhöhung ist bei dieser Trainingsform nicht zu empfehlen. Auch beim Ein- und Auslaufen sollte die Herzfrequenz beachtet werden und immer unter der Obergrenze des regenerativen Laufes gehalten werden.

Extensive Tempoläufe

Zirka 95 Prozent der maximalen Herzfrequenz

Extensive Tempoläufe sind einzelne Läufe mit einer Streckenlänge zwischen 600 und 3000 Metern. Insgesamt summieren sich diese Programme auf etwa fünf bis zehn Kilometer Gesamtlaufstrecke (mit einer sehr kurzen Pause zwischen den einzelnen Läufen). Laufgeschwindigkeit und Pausen sollten so gewählt sein, dass während des gesamten Tempoprogramms keine zunehmende Übersäuerung eintritt. Die kurzen Pausen zwischen den Belastungen ermöglichen einen teilweisen Abbau der Laktatkonzentration im Blut.

Die Dauer der jeweiligen Tempobelastung ist meist zu kurz, um einen vollständigen Herzfrequenzanstieg auf die idealen 95 Prozent HFmax zu ermöglichen. Je kürzer die Tempoabschnitte und je länger die Belastungspausen bei Tempolaufprogrammen werden, desto unbrauchbarer ist die Herzfrequenzmessung zur Steuerung der Laufgeschwindigkeit. Bei extensiven Tempoläufen ist die Messung der Herzfrequenz aber sinnvoll zur Beurteilung des Gesamtprogramms. Sie soll verhindern, dass die Übersäuerung mit jedem Lauf zunimmt. (Indiz: Die Herzfrequenz steigt von Lauf zu Lauf nicht wesentlich an.) Bei korrekter Tempogestaltung und konstanter Pausendauer liegt die Herzfrequenz auch in den Belastungspausen auf einem praktisch gleich bleibenden Wert.

Intensive Tempoläufe

95–100 Prozent der maximalen Herzfrequenz

Gemeint sind Läufe bei praktisch maximalem Tempo und mit entsprechend langen Pausen. Diese Trainingsform sollte nur von wettkampforientierten Läufern betrieben werden. Hier ist die Herzfrequenzmessung eigentlich überflüssig. Darüber hinaus steigt bei den meisten Läufern nahe des maximalen Lauftempos die Herzfrequenz nicht mehr konstant weiter an, sodass verschiedene Tempobereiche durch die Herzfrequenz nicht mehr unterschieden werden können.

KAPITEL 9

Das Richtige essen

Vor einem Wettkampf sollte die Ernährung stimmen – sonst geht er in die Hose, und das manchmal wortwörtlich. Diese knappen Ernährungstipps gelten prinzipiell für das Training ebenso wie für den Wettkampf.

Nur noch wenige Stunden bis zum Wettkampf: Sie haben gut trainiert, fühlen sich fit. Und jetzt beschäftigt Sie nur noch eine Frage: Was soll ich am Abend vor dem Rennen essen?

Um eine optimale Leistung zu bringen, reicht körperliche Fitness alleine nicht aus. Auch die Ernährung beeinflusst unser Leistungsvermögen. Was wir am Abend bzw. am Tag vor einem Wettkampf zu uns nehmen, kann das sportliche Ergebnis maßgeblich beeinflussen. Wenn Sie die folgenden Vorschläge beachten, sind Sie auf der sicheren Seite:

Viel trinken: Es ist wichtig, vor einem Wettkampf ausreichend hydriert zu sein. Unmittelbar vor dem Start ist es zu spät, die Flüssigkeitsdepots aufzufüllen. Fangen Sie also bereits zwei Tage vorher an, und trinken Sie so viel wie möglich. Vermeiden Sie Getränke, die Alkohol oder Koffein enthalten, ebenso solche mit viel Kohlensäure. Am besten trinken Sie Wasser, Früchtetees oder verdünnte Säfte.

Kohlenhydrate tanken: Gut gefüllte Kohlenhydratspeicher sind das A und O einer effektiven Sporternährung. Dabei sind nicht nur Nudeln exzellente Lieferanten von Kohlenhydraten. Kartoffeln, Reis, verschiedene Brotsorten und manche Obste sind ebenso gute Lieferanten wie Nudeln.

Nicht zu viel essen: Achten Sie während der gesamten Trainingsphase auf die Zusammensetzung Ihrer Ernährung und nicht erst kurz vor dem Wettkampf. Etwa 50 bis 55 Prozent der täglichen Kalorien sollten aus Kohlenhydraten stammen. Das reicht, um die Glykogenspeicher der Muskeln aufzufüllen. Zwei bis drei Tage vor dem Wettkampf erhöhen Sie den Kohlenhydratanteil auf 60 bis 70 Prozent. In Verbindung mit einem reduzierten Trainingsumfang füllen Sie so Ihre Speicher optimal auf.

Wenn Sie dagegen zu viel und zu spät essen, fühlen Sie sich vielleicht schon am Start träge und finden nicht in Ihren Rhythmus hinein. Idealerweise liegt die letzte größere Mahlzeit zwei Abende vor dem Wettkampf, spätestens jedoch am Mittag des Vortags.

Wenig Fett und Eiweiß: Fett und Eiweiß sind schwerer verdaulich als Kohlenhydrate, außerdem können sie entwässernd wirken. Zu viel Fett verlangsamt die Stoffwechselprozesse. Vermeiden Sie rotes Fleisch, frittiertes oder paniertes Fleisch sowie Speisen mit sehr viel Fett und Zucker wie Eis oder Kuchen.

Ballaststoffe meiden: Obwohl Ballaststoffe unverzichtbarer Bestandteil einer gesunden Ernährung sind, können diese Sie kurz vor dem Wettkampf und auch während des Laufs zu ungewollten Pausen zwingen. Essen Sie zwei bis drei Tage vorher besonders ballaststoffreich, viel Rohkost (vor allem wenn Sie anreisen müssen), um die Verdauungsprozesse anzuregen. Aber am Vortag des Wettkampfs sollte die Ernährung wieder ballaststoffarm sein: Also Weißbrot statt Vollkornbrot, Cornflakes statt Müsli, gedünstetes Gemüse statt Rohkost.

Keine stark gewürzten Speisen: Fremde, exotische Gerichte unmittelbar vor einem Rennen sind mit Vorsicht zu genießen. Gewürze, Zwiebeln oder Peperoni machen sich am nächsten Tag unangenehm bemerkbar. Aufstoßen oder Sodbrennen lassen uns nicht unbedingt ans Aufgeben denken, sind aber lästige Begleiter beim Laufen.

Die letzte Mahlzeit: So weit, so gut: Nicht zu fett, nicht zu würzig, nicht zu viel – so muss das Essen am Tag vor dem Wettkampf sein. Was essen Sie aber zum Frühstück? Viele verzichten freiwillig auf die morgendliche Mahlzeit, weil vor lauter Nervosität der Magen streikt. Eine Kleinigkeit sollte es am Wettkampftag schon sein: Eine Banane, ein Brötchen oder eine Scheibe Toast mit Honig belasten den Magen kaum. Wenn gar nichts geht, versuchen Sie es mit einem Sportgetränk, natürlich eines, das Sie schon vorher einmal ausprobiert haben. Je später am Tag der Start ist, desto wichtiger ist die morgendliche Mahlzeit. Ausreichend sind 500 Kalorien etwa zwei bis vier Stunden vor dem Wettkampf, vor allem wenn dieser mehr als 90 Minuten dauert. Wenn Sie aufs Frühstück ganz verzichten, überkommt Sie womöglich später an der Startlinie der Hunger. Mit einer kleinen, leichten Mahlzeit können Sie am Start gewiss sein, dass Ihre Glykogenreserven gefüllt und Sie startklar sind.

KAPITEL 10

Typische Laufbeschwerden

Wenn das Knie schmerzt

Mit den Knien haben die Läufer (neben den Achillessehnen) am häufigsten Probleme.

Wir nennen Ihnen vier Ursachen von Knieschmerzen bei Läufern und geben Ihnen Tipps, wie sie zu behandeln sind.

Zu viele Kilometer: Wer zu oft lange Strecken langsam und selten (oder nie) schnell oder bergauf läuft, stärkt zwar die Waden, vernachlässigt aber die Oberschenkel. Das kann zu muskulären Dysbalancen führen, die zu ernsten Knieproblemen führen können.

Wenn der Schmerz da ist: Stärken Sie den Quadrizeps durch Radfahren oder Treppensteigen (z. B. auf dem Stairclimber im Fitness-Studio). Wenn Sie wieder problemlos laufen können, nehmen Sie einmal wöchentlich eine schnelle Laufeinheit oder Bergaufläufe ins Programm.

Falsche Kraftübungen: Krafttraining kann auch Läufern zu einer Leistungsverbesserung verhelfen, aber die Knie belastende Übungen mit Gewichten sind oft Gift für die Ausdauermuskulatur und extrem schädlich für die Knie. Bei Kraftübungen mit Gewichten sollte man zum Beispiel nie in die tiefe Hocke gehen. Ein 45-Grad-Winkel in den Kniegelenken reicht bei allen Übungen vollkommen aus.

Schnelles Bergablaufen: Wer es bergab immer «volle Pulle» laufen lässt, ruiniert dabei garantiert seine Knie. Bergab muss man auf einen besonders ökonomischen Laufstil achten (kurze, entlastende Schritte), sonst wächst die Stauchbelastung vor allem im Bereich der Knie enorm.

Überpronation: Der weitaus häufigste Grund für Kniebeschwerden ist eine so genannte Überpronation. Damit ist das Phänomen bezeichnet, dass die Füße beim Abrollen übermäßig nach innen knicken. Wird die Überpronation nicht durch orthopädische Schuheinlagen oder besonders stabile Schuhe korrigiert, steigen die Belastungen auf die Knie mit jedem

Laufschritt. Ob Sie überpronieren oder nicht, kann jeder erfahrene Laufschuhverkäufer schon an den abgetragenen Sportschuhen erkennen.

Die beiden häufigsten Knieprobleme

Zwei der oft bei Läufern auftretenden Kniedefekte, die Chondromalazie und das Tractus-Friktion-Syndrom, sollten etwas ausführlicher beschrieben werden.

Chondromalazie

Erweichung und Abrieb des Knorpels auf der Kniescheibenrückfläche, begleitet von Schmerzen und Entzündung (Chondritis).

■ *Symptome*

Ständiger Schmerz rund um beziehungsweise unterhalb der Kniescheibe, besonders intensiv nach Hügelläufen. Das Knie schwillt meist deutlich an.

■ *Ursachen*

Bedingt durch muskuläre Dysbalancen, zum Beispiel zu schwache oder ermüdete Oberschenkelmuskulatur und das daraus resultierende Übergewicht einer anderen, möglicherweise auch verspannten Muskelgruppe, läuft die Kniescheibe nicht mehr in der Mitte des Gleitlagers, sondern wird nach einer Seite hin weggedrückt und wird so zum Zentrum eines unangenehmen Schmerzes.

■ *Was tun?*

Laufpause einlegen und das betroffene Knie dreimal täglich je 15 Minuten lang mit Eis kühlen. Amerikanische Sportmediziner empfehlen über zwölf Wochen die Einnahme von täglich drei Tabletten Aspirin, da diese Substanz nachweislich den Zerfall von Knorpel hemmt. Außerdem Selbstmassage rund um die entzündete Partie. Nicht zu vergessen: regelmäßige Dehnübungen für die vordere und hintere Oberschenkelmuskulatur.

Tractus-Friktion-Syndrom

Entzündung und Schmerzen außen am Knie, wo die iliotibiale oder äußere Sehnenplatte an der Außenseite des Oberschenkels bis zum Wadenbeinköpfchen verläuft und gegen den Oberschenkelknochen reibt.

■ *Symptome*

Dumpfer Schmerz, der meist nach einigen Kilometern Laufen einsetzt und unmittelbar nach dem Ende der Belastung verschwindet. Bisweilen auch stechender Schmerz und Verspannung sowie Schwellung an der Knieaußenseite.

■ *Ursachen*

Jede Bewegung, bei der das Bein nach innen gebeugt und die Sehnenplatte über dem Oberschenkelknochen gedehnt wird, hervorgerufen zum Beispiel durch Überpronation und O-Bein-Stellung.

■ *Was tun?*
Wer trotz der Schmerzen auf das Laufen nicht verzichten will, sollte zumindest die Tempoläufe einschränken und jedes Bergablaufen vermeiden. Wichtig ist, die Flexibilität der Sehnenplatte durch mehrmaliges tägliches Dehnen wieder herzustellen. Zusätzlich sollten Sie das Knie nach jedem Lauf 15 bis 20 Minuten mit Eis kühlen, die schmerzende Partie massieren sowie die vordere und hintere Oberschenkelmuskulatur häufig dehnen.

Wenn die Achillessehne schmerzt

Die Achillessehne ist die größte Sehne des menschlichen Körpers. Sie verbindet die Wadenmuskulatur mit dem Fersenbein. Beim Laufen wird fast die gesamte Kraft beim Abstoßen des Fußes vom Boden über die Achillessehne geleitet; die Gefahr der Überlastung ist groß.

Die Achillessehne ist aufgrund ihrer geringen Elastizität nicht in der Lage, auf Dauer Überlastungsspitzen standzuhalten. Dies führt zu einer Mikrotraumatisierung des Achillessehnengewebes (Verletzungen durch winzige Einrisse usw.) und als Folge, bei Nichtbehandlung, zu einer Reizung und Aufquellung des Achillessehnengleitgewebes. Dieses Symptom nennen Mediziner Achillodynie. Bei fortdauernder Fehlbelastung und Nichtbehandlung kommt es zu narbigen Veränderungen der Sehne und des Gleitgewebes mit teilweise tastbaren Knotenbildungen und schmerzhafter Bewegungseinschränkung. Dies ist dann das Stadium der chronischen Achillodynie. Ausgehend von den Symptomen lassen sich drei Stadien feststellen:

In Stadium 1 zeigen sich Schmerzen nach einer Belastung bzw. Anlaufschmerzen, die während der Belastung wieder verschwinden. In Stadium 2 treten Schmerzen während des Trainings auf, die auch eim Laufen nicht nachlassen. In Stadium 3 stellt sich ein Dauerschmerz ein.

Im Wesentlichen lassen sich **fünf Hauptgründe** für das Auftreten einer Achillessehnenverletzung ausmachen.

1. Verkürzte Wadenmuskulatur:
Die Achillessehne ist kaum dehnfähig. Die Stoßabsorption beim Belasten muss also hauptsächlich von der Wadenmuskulatur übernommen werden. Sollte diese chronisch (z. B. beim Vorfußläufer oder bei Läufern mit Hohlfuß) oder akut aufgrund zu harten Trainings verkürzt sein, erhöht sich die Vorspannung der Achillessehne; Belastungsspitzen können nur unzureichend abgefedert werden.

2. Kippbewegungen des Fersenbeines:
Beim Aufsetzen des Fußes kann es, bei entsprechender Neigung, zum Abkippen des Fersenbeines nach innen (Überpronation) oder nach außen (Übersupination) kommen. Dies führt zu divergierenden Zugbeanspruchungen der Achillessehnenfasern. Bei Überpronation werden die innen liegenden Fasern über ein normales Maß hinaus beansprucht, bei Übersupination die äußeren.

3. Unzureichendes Schuhwerk:
Um Verletzungen der Achillessehne zu vermeiden, ist vor allem auf eine straffe Fersenführung und die ausreichende Dämpfung des Rückfußes zu achten.

4. Gelände und Untergrund:
Forciertes Bergauflaufen führt ebenso zu einer Überbeanspruchung der Sehne wie Bergablaufen, wobei es wegen schlecht gedämpfter Schuhe leicht zu einer plötzlichen Stauchung der Achillessehne kommen kann. Der Laufuntergrund spielt ebenfalls eine wichtige Rolle, insbesondere Kunststoffböden (400-Meter-Tartanbahn) produzieren starke Belastungsspitzen.

5. Trainingsveränderungen:
Plötzliche Umfangs- oder Temposteigerungen im Training sind immer kritische Phasen für den gesamten Bewegungsapparat. Dies sollte beim Trainingsaufbau berücksichtigt werden.

Die **Therapie von Achillessehnenbeschwerden bzw. -entzündungen** richtet sich nach der Ursache und dem Stadium der degenerativen Veränderungen. Bei verkürzter Wadenmuskulatur, die übrigens bei chronischen Verläufen in den meisten Fällen vorliegt, empfiehlt sich systematische Dehngymnastik. Vorsichtiges Dehnen kann auch im Schmerzzustand hilfreich sein.

Bei Überpronation bzw. Übersupination sind die Laufschuhe genau zu inspizieren. Es gibt inzwischen für fast jeden Fußtyp ein geeignetes Laufschuhmodell auf dem Markt. Läufer, die mehr als zwei Mal in der Woche laufen, sollten regelmäßig die Schuhe wechseln, also mehr als ein Paar besitzen. Wichtig ist eine gute äußere und innere Führung des Fersenbeines. Die Oberkante der Fersenkappe darf nicht direkt auf die Achillessehne drücken. Eine ausreichende Dämpfung ist insbesondere für Rückfußläufer, die über die Ferse abrollen, von Bedeutung. Bei Vorfußläufern ebenso wie Mittelfußläufern (sie kommen im Mittel- bzw. Vorfußbereich auf) ist mehr auf Dämpfung und Führung des Mittel- und Vorfußes zu achten. Das Training sollte bei (leichten) Achillessehnenschmerzen möglichst im ebenen Gelände durchgeführt werden, da dort die Achillessehne signifikant geringer belastet wird. Falls außer Asphaltwegen lediglich unebene Waldwege zur Verfügung stehen, ist bei gut dämpfendem Schuhwerk der Asphaltweg vorzuziehen. Eine Erhöhung des Trainingsumfangs bzw. Steigerung der Intensität sollte man langsam und dem Leistungsvermögen angepasst angehen.

Eine «Eigentherapie» bei leichten Beschwerden kann auch in der Durchführung einer Querfriktionsmassage (nur nach fachlicher Anleitung!) und in der Anwendung von Eis bzw. kühlenden Gels oder Salben bestehen. Eis lindert den Schmerz, führt zu einer Abschwellung und schließlich zu einer intensiven Durchblutung, die dem Abtransport von Abbaustoffen zugute kommt. Nehmen die Schmerzen aber chronische Formen an, wird der Arzt in der Regel zusätzlich ein entzündungshemmendes Mittel verordnen.

Vorbeugende Maßnahmen: Diszipliniertes Warmlaufen mit anschließender Dehngymnastik der wichtigsten Muskelgruppen sowie Auslaufen sollte zum Trainingsstandard gehören. Nach harten Beanspruchungen wie sehr extensivem oder intensivem Training (lange Läufe bzw. schnelle Läufe) kann man sich zur Entspannung der Muskulatur auch durch warme Wannenbäder und eine Selbstmassage der Wadenmuskulatur Linderung verschaffen. Die Wahl eines geeigneten Laufschuhs ist ebenfalls eine gute Prophylaxe für Achillessehnenbeschwerden wie funktionelle Bekleidung (nicht zu warm, aber auch nicht zu leicht): Sie schützt die Muskulatur vor Überbeanspruchung und bewahrt das empfindliche Sehnengewebe vor Schädigung. Da die Belastbarkeit des Bewegungsapparates individuell sehr unterschiedlich ist, wird es immer Läufer geben, für die ihre Achillessehne auch die Achillesferse ihrer Trainingsbelastung darstellen wird. Menschen mit einem ausgeprägten Hohlfuß neigen beispielsweise bei entsprechender Überlastung schnell zu Achillessehnenbeschwerden. Die Grenze zur Überlastung lässt sich allerdings deutlich verschieben, wenn man die obigen Ratschläge beherzigt.

KAPITEL 11 Wettkampfschuhe

Wettkampfschuhe zeichnen sich vor allem durch ihr geringes Gewicht aus. Laut einer amerikanischen Studie ist ein Läufer pro 30 Gramm Gewichtsersparnis am Schuh eine Sekunde schneller pro Meile. Auf eine lange Strecke wie den Marathon zum Beispiel mag dies einige Minuten bringen, zumindest in der Theorie. Denn in der Praxis geht die Gewichtsersparnis auf Kosten von Stabilität und Dämpfung – und wie sich diese konkurrierenden Faktoren auf die Laufzeit auswirken, ist nur schwer vorauszusagen. Eigentlich ist es ganz einfach: Je weniger ambitioniert und schwerer ein Läufer ist und je länger die Wettkampfdistanz ist, desto mehr Stabilität und Dämpfung muss der Schuh bieten. Umgekehrt bedeutet dies aber auch: Je größer das Leistungsvermögen des Läufers, je geringer das Körpergewicht, je effektiver der Laufstil und je kürzer die Wettkampfdistanz, desto geringer darf das Schuhgewicht sein. Unsere Faustregel: Wer zehn Kilometer nicht unter 40 Minuten läuft (Frauen: unter 45 Minuten) und den Marathon nicht unter drei Stunden (Frauen: unter 3:30 Stunden), wer außerdem über 75 Kilogramm wiegt (Frauen 65 Kilogramm), dem ist mit leichten Trainingsschuhen besser geholfen als mit ultraleichten Wettkampfschuhen. Läufer mit Fußfehlstellungen (Überpronation) sollten in jedem Fall auf diese schnellen Treter verzichten.

Technologie: Das bietet der Wettkampfschuh

Bei der Herstellung von Wettkampfschuhen geht es den Herstellern vor allem darum, Gewicht zu sparen, ohne die Funktionalität zu gefährden (Passform, Stabilität, Dämpfung).

- **Passform:** Sie leidet selten unter dem geringen Gewicht eines Wettkampfschuhs. In der Regel sind Wettkampfschuhe sogar tragefreundlicher als normale Trainingsschuhe, da stabilisierende – aber mitunter auch den Tragekomfort störende – Schaftelemente wegfallen und das Schaftmaterial besonders atmungsaktiv ist. Ein solches Mesh-Material ist deutlich leichter als Leder oder Kunstleder.

- **Stabilität:** Stabilität wird in Wettkampfschuhen praktisch nie durch die in Trainingsschuhen üblichen massiven Plastikelemente wie Mittelfußbrücken oder -stützen geboten. Stabilisiert wird ein Wettkampfschuh durch eine zweite Zwischensohlenhärte und/oder einen breiten Mittelfußbereich. Eigentlich bedingt eine gebogene Leistenform ein dynamischeres Abrollverhalten des Schuhs und wird deshalb in Wettkampfschuhen bevorzugt. (Der Leisten ist ein Plastikelement, um das der Schuh «aufgebaut» wird.) Aber einige Hersteller bauen ihre Wettkampfmodelle bewusst auf nur leicht gebogenen Leisten auf, um somit ein Mehr an Stabilität ohne Gewichtszuwachs zu gewährleisten. Das geht natürlich zulasten des Abrollverhaltens.

- **Dämpfung:** Dämpfung erhält der Schuh entweder durch eine weiche Zwischensohle aus EVA (Ethylenvinylacetat) oder durch ein Dämpfungselement. EVA-Zwischensohlen haben alle Wettkampfschuhe ebenso wie die meisten Trainingsschuhe. Aber weil sie schwerer als herkömmliches Zwischensohlenmaterial sind, fallen sie in Wettkampfschuhen entweder besonders klein aus oder ganz weg.

- **Außensohle:** Die Außensohlen von Wettkampfschuhen sind im Vorfußbereich immer aus Gummi, nie aus Karbongummi. Gummi ist leichter, weicher und flexibler als Karbongummi, nutzt sich allerdings schneller ab. Deshalb bieten fast alle Hersteller im Bereich des Schuhaufsatzes Karbongummi-Absatzecken.

KAPITEL 12

Ohne Regeneration keine Leistungssteigerung

Regenerieren steht für «erneuern», «auffrischen», «wiederherstellen», und genau das soll in der Regenerationsphase mit dem Körper passieren. Der Ausdruck «die Füße hochlegen» ist übrigens gar nicht so falsch. Aber es gibt noch jede Menge anderer Dinge, die eine Erholung unserer Kräfte wirkungsvoll unterstützen.

Viele Regenerationsmaßnahmen sind vor allem direkt nach einer harten Belastung sinnvoll – also zum Beispiel in den 48 Stunden nach dem Zieleinlauf beim Marathon –, andere betreffen die effektive Gestaltung längerer Erholungsphasen im Monats- oder Jahresrhythmus.

- **Auslaufen:** Damit bezeichnet man das langsame Laufen nach einer harten Trainingsbelastung (z. B. einem Intervalltraining) oder nach dem Zieleinlauf bei einem Wettkampf, vor allem über kürzere Distanzen, weniger nach Halbmarathon- und Marathonläufen. Dabei werden die zuvor stark beanspruchten Muskeln im langsamsten Lauftempo über zirka zehn Minuten locker bewegt. Das Auslaufen führt zu einer verbesserten Durchblutung des Muskelgewebes und dem schnelleren Abbau von Laktat (Milchsäure), einem Stoffwechselprodukt, das sich bei harten Belastungen im Muskel ansammelt.
- **Stretching:** Auch Dehnübungen fördern die Durchblutung überlasteter Muskelfasern und beugen außerdem Verkürzungen der Muskulatur vor. Unmittelbar nach einer Belastung verhindert sehr vorsichtiges Stretching Muskelverspannungen und -verhärtungen.
- **Trinken:** Nach einer harten Belastung sind Ihre Wasser- und Elektrolytvorräte erschöpft. Es kann zehn bis zwanzig Stunden dauern, bis der Körper wieder völlig rehydriert ist. Am sinnvollsten für die schnelle Rehydration sind Wasser, Fruchtsäfte oder Elektrolytgetränke.

- **Essen:** Durch ein hartes Training, vor allem nach Wettkämpfen, sind diese Glykogenspeicher nahezu vollständig entleert. Das steigert die Aktivität der Glykogensynthetase und somit die Bereitschaft der Zellen, wieder Glykogen zu speichern. Diese ist zwischen zwei bis vier Stunden nach der Belastung am höchsten und geht innerhalb der nächsten zwölf bis vierundzwanzig Stunden wieder zurück. Sie füllen Ihre Kohlenhydratspeicher also am effektivsten zwei bis vier Stunden nach der Belastung auf.

KAPITEL 13

Regeneration spezial: Die Fußmassage

Sie verrichten eine Heidenarbeit, und doch kümmert sich kaum jemand um Sie. Nach dem Motto «Die letzten beißen die Hunde» werden Läuferfüße nicht selten von ihren Nutzern schmählich vernachlässigt. Dabei müssen sie Schritt für Schritt nicht nur ein Mehrfaches des Körpergewichts auffangen, sondern das auch noch auf der – im Verhältnis zum gesamten Körper – klitzekleinen Fläche der Fußsohlen. Also zeigen Sie endlich Mitgefühl mit Ihren Füßen, und lassen Sie diese (und somit sich) ab und zu einmal richtig verwöhnen. Von Ihrem Partner zum Beispiel. Der kann nämlich, wenn er die folgenden Bildbeschreibungen aufmerksam liest, problemlos zum Experten in Sachen Fußmassage werden.

- **Das Fußgewölbe:** Reiben Sie sich die Hände mit einer sanften Lotion ein. Nehmen Sie den Fuß in die Hand, und beginnen Sie mit den Daumen das Fußgewölbe unter leichtem Druck von hinten (Ferse) nach vorne (Zehen) zu «durchwandern». Wiederholen Sie diese Massage mehrfach.

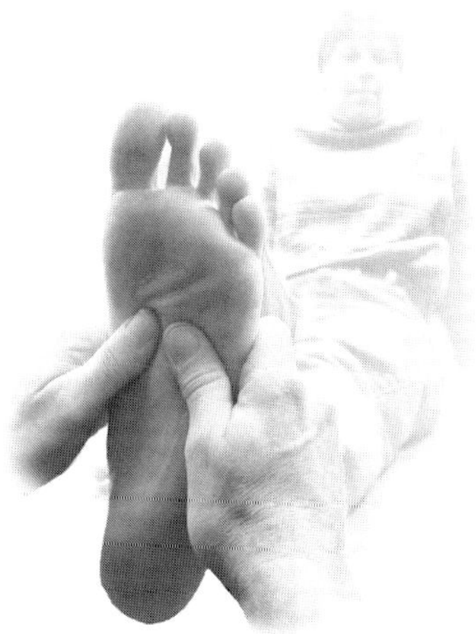

- **Die Ferse:** Massieren Sie unter festerem Druck den kompletten Fersenbereich. Vergessen Sie dabei auch den äußeren Fersenbereich nicht. Die Massage der Ferse kann sehr viel fester sein als die des Fußgewölbes.

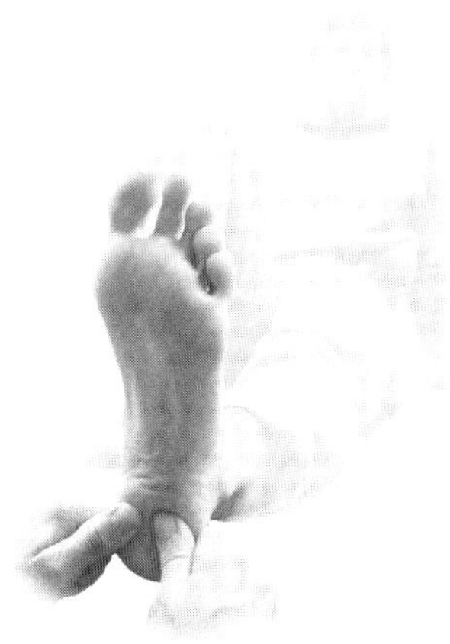

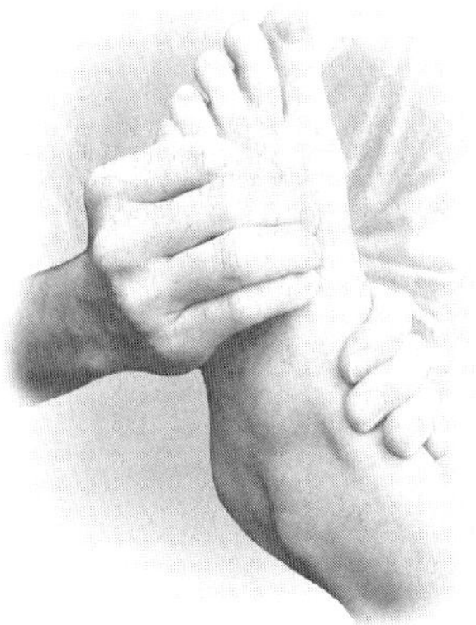

- **Der Fußspann:** Massieren Sie zunächst durch eine Art «festes Streichen» die gesamte Fußoberfläche. Massieren Sie anschließend mit leichtem Druck Ihrer Finger alle «Zwischenräume» zwischen den Mittelfußknochen – von den Zehen bis zum Sprunggelenk.

- **Der komplette Fuß:** Nehmen Sie einen Fuß in die Hand, indem Sie die Finger unter und die Daumen auf dem Fuß halten. Streichen Sie nun unter leichtem Druck – abwechselnd mit der einen, dann mit der anderen Hand – den Fuß vom Fußgelenk zu den Zehen aus. Wiederholen Sie diese Massage mehrfach.

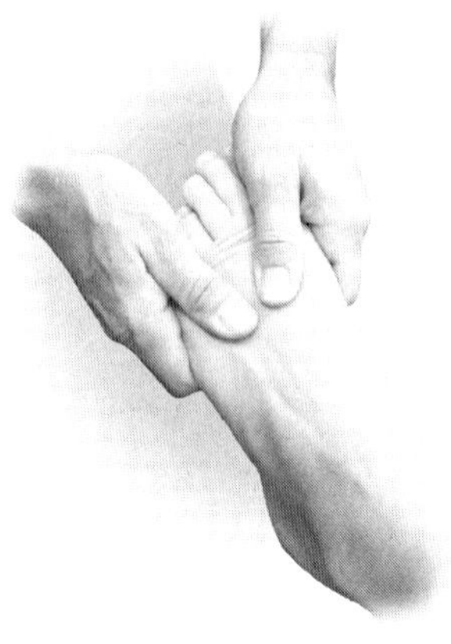

TEIL II TRAININGSPLÄNE

EINLEITUNG

Auf die Dosis kommt es an

Wer mit dem Laufen beginnt, kann sich schon bald über die ersten Erfolgserlebnisse freuen. War es zu Beginn noch etwas mühselig, eine Viertelstunde am Stück zu schaffen, ist es schon bald kein Thema mehr, ob man eine halbe oder eine Dreiviertelstunde ohne Unterbrechung bewältigt. Jetzt geht es in andere Zeitdimensionen. Die Runde im Wald, vor ein paar Monaten noch mit Ach und Krach in einer halben Stunde geschafft, lässt sich jetzt sogar an einem schlechten Tag in 28 Minuten bewältigen, der Streckenrekord liegt bei 26:35 Minuten, gestoppt auf der alten Timex-Stoppuhr …

Nun ist es höchste Zeit, etwas mehr Systematik in den Trainingsalltag zu bringen, zumal der Laufkollege kürzlich aufgeregt von einem Lauf über fünf Kilometer berichtete, zu dem er Sie zu überreden versuchte. Warum eigentlich nicht? Wer einfach drauflos trainiert, wird zu Beginn zwar Fortschritte feststellen, doch bald schon wird er mit seinen Leistungen in der Sackgasse stecken. Der Grund ist einfach: Ihr Körper hat sich an die Trainingsreize gewöhnt, die Sie ihm durch das recht monotone Lauftraining verpassen: immer die gleiche Runde im selben Tempo. Er vermisst aber neue Reize, um mit mehr Leistung aufzuwarten. Dazu bedarf es eines systematischeren Trainings. Ein solches funktioniert nicht ohne Disziplin. Das klingt nach Militärdrill, ist aber weit davon entfernt. Sie müssen sich allerdings darüber im Klaren sein, dass die körperliche Belastung beim Laufen sehr wohl dosiert sein muss. Denn anders als beim Radfahren, wo man erst nach einer Stunde richtig warm wird und das Training oft mehrere Stunden dauert, kommen Sie beim Laufen viel schneller an die Grenzen, die Ihnen Ihr «Fahrgestell», sprich: Muskeln, Sehnen und Gelenke, setzen. Deshalb ist es besonders wichtig, die richtige individuelle Dosis zu finden. Und weil das Laufen so viel Spaß macht, man aber mit dem Pensum in der Regel nach einer Dreiviertelstunde oder einer Stunde schon fertig ist, mag so mancher von Ruhetagen nichts wissen und schnürt jeden Tag die Laufschuhe. Und hier beginnt meist das Unheil. Fortschritte stellen sich nicht ein, und die Gefahr einer Überbelastung steigt.

Wir haben für Sie Trainingsprogramme zusammengestellt, die untermauern, dass mit ‹weniger› durchaus ‹mehr› zu erreichen ist. Auf die Dosis kommt es eben an. Und auf die Unterschiede in den Trainingsreizen. Wenn Tempotraining auf dem Programm steht, wird richtig Dampf gemacht, keine Frage. Aber dann bitte auch am nächsten Tag superlangsam laufen. Das fällt vielen schwer. Sie laufen den ruhigen Dauerlauf ganz einfach zu schnell. Entweder weil sie ihn mit einem Trainingspartner absolvieren, der nicht das gleiche Trainingsziel verfolgt bzw. einer höheren Leistungsklasse angehört. Oder weil man sich durch andere Läufer verleiten lässt, schneller zu sein als eigentlich geplant. Wer sich hier nicht Zügel anlegt, hat verloren. Mit unseren Trainingsplänen können Sie gewinnen, doch nur, wenn Sie diese vernünftig anwenden und sich unser Trainingsmotto zu Herzen nehmen: Auf die Dosis kommt es an. Wir helfen Ihnen, Ihr Training gleichzeitig intensiv und maßvoll zu gestalten. Probieren Sie's aus!

BESTIMMEN SIE IHR LEISTUNGSPROFIL

Diese Tabelle setzt Zeiten verschiedener Laufdistanzen zueinander ins Verhältnis.

Markieren Sie Ihre Bestzeiten und verbinden Sie die Markierungen miteinander – so erhalten Sie Ihr Leistungsprofil. Fällt die Linie nach rechts, mangelt es Ihnen an Ausdauer, fällt sie nach links, dann fehlt es Ihnen an Schnelligkeit.

5 km	10 km	Halbmarathon	Marathon
13:00	27:00	1:00:00	2:06:00
13:31	28:04	1:02:23	2:11:00
14:02	29:09	1:04:46	2:16:00
14:33	30:13	1:07:09	2:21:00
15:04	31:17	1:09:31	2:26:00
15:35	32:21	1:11:54	2:31:00
16:06	33:26	1:14:17	2:36:00
16:37	34:30	1:16:40	2:41:00

5 km	10 km	Halbmarathon	Marathon
17:08	35:34	1:19:03	2:46:00
17:39	36:39	1:21:26	2:51:00
18:10	37:43	1:23:49	2:56:00
18:40	38:47	1:26:11	3:01:00
19:11	39:51	1:28:34	3:06:00
19:42	40:56	1:30:57	3:11:00
20:13	42:00	1:33:20	3:16:00
20:44	43:04	1:35:43	3:21:00
21:15	44:09	1:38:06	3:26:00
21:46	45:13	1:40:29	3:31:00
22:17	46:17	1:42:51	3:36:00
22:48	47:21	1:45:14	3:41:00
23:19	48:26	1:47:37	3:46:00
23:50	49:30	1:50:00	3:51:00
24:21	50:34	1:52:23	3:56:00
24:52	51:39	1:54:46	4:01:00
25:23	52:43	1:57:09	4:06:00
25:54	53:47	1:59:31	4:11:00
26:25	54:51	2:01:54	4:16:00
26:56	55:56	2:04:17	4:21:00
27:27	57:00	2:06:40	4:26:00
27:58	58:04	2:09:03	4:31:00
28:29	59:09	2:11:26	4:36:00
29:00	1:00:13	2:13:49	4:41:00
29:30	1:01:17	2:16:11	4:46:00
30:01	1:02:21	2:18:34	4:51:00
30:32	1:03:26	2:20:57	4:56:00
31:03	1:04:30	2:23:20	5:01:00
31:34	1:05:34	2:25:43	5:06:00
32:05	1:06:39	2:28:06	5:11:00
32:36	1:07:43	2:30:29	5:16:00
33:07	1:08:47	2:32:51	5:21:00
33:38	1:09:51	2:35:14	5:26:00

FAHRTSPIEL – WAS IST DAS?

Das Fahrtspiel ist eine Intervall-Trainingsmethode, die in Schweden entwickelt wurde. Es bedeutet: Spiel mit der Fahrt, Spiel mit dem Tempo. Das Fahrtspiel ist ein Lauf mit wechselndem Tempo über verschieden lange (und in der Regel unterschiedlich anspruchsvolle) Teilstücke.

Das Fahrtspiel gibt dem Läufer Freiheit in der Gestaltung des Trainings. Es gibt kein vorgeschriebenes Trainingspensum, keine genau einzuhaltende Trainingsvorgabe mit einer exakten Zahl von Belastungsläufen in vorgegebener Länge und Laufzeit, wie dies bei Tempoläufen der Fall ist. Wir bestimmen das Tempo und die Länge der Belastungen selbst. Laufen Sie beim Fahrtspiel auf Park- oder Waldwegen, fernab von asphaltierten Straßen oder der Tartanbahn. Achten Sie darauf, dass Sie sich zu Beginn des Fahrtspiels ausreichend einlaufen. Versuchen Sie bei den schnellen Teilstücken, mit der Länge zu variieren. Dabei können Sprints mit schnellen Belastungen von zwei bis drei Minuten und zügigen Abschnitten von bis zu zehn oder zwölf Minuten abwechseln. Bedenken Sie aber: Auf jedes schnelle Teilstück muss eine ruhige Trabpause folgen. Erst wenn Sie ausreichend erholt sind, darf die nächste Belastung folgen.

DAS RICHTIGE TEMPO

Erläuterungen zu den Begriffen und Abkürzungen der Trainingspläne:

DL	Dauerlauf
TP	Trabpause (Pause zwischen Belastungen)
Langsamer DL	Puls etwa 70–75 Prozent der maximalen Herzfrequenz
Ruhiger DL	Puls etwa 75–80 Prozent der maximalen Herzfrequenz
Lockerer DL	Puls etwa 80 Prozent der maximalen Herzfrequenz
Zügiger DL	Puls etwa 80–85 Prozent der maximalen Herzfrequenz
Fahrtspiel	Wechselndes Tempo über verschieden lange Teilstücke; der Läufer bestimmt Tempo und Länge der Belastungen selbst
Renntempo	Tempo, das Sie bei einem Wettkampf unter Normalbedingungen laufen können
Steigerungen	Lauf über eine Strecke von 80 bis 100 Meter, bei dem das Tempo kontinuierlich vom Trab bis zum Sprint gesteigert wird
TL	Tempoläufe (immer mit jeweils 10 min Einlaufen und Auslaufen!)

5-km-Trainingspläne

1. Absolute Anfänger

Das 8-Wochen-Einsteigerprogramm für jedermann: Sie sind ein absoluter Laufanfänger, vielleicht übergewichtig, und können gerade einmal eine Minute am Stück laufen? Kein Problem: So schaffen Sie es, in acht Wochen die 5-Kilometer-Distanz abwechselnd gehend und laufend zu bewältigen.

1. WOCHE

Mo 3 min Gehen, 1 min Laufen, 3 min Gehen, 1 min Laufen, 3 min Gehen, 1 min Laufen, 3 min Gehen, 1 min Laufen, 3 min Gehen, 1 min Laufen

Mi 3 min Gehen, 1 min Laufen, 3 min Gehen, 1 min Laufen, 3 min Gehen, 1 min Laufen, 3 min Gehen, 1 min Laufen, 3 min Gehen, 1 min Laufen

Sa 3 min Gehen, 1 min Laufen, 3 min Gehen, 1 min Laufen, 3 min Gehen, 1 min Laufen, 3 min Gehen, 1 min Laufen, 3 min Gehen, 1 min Laufen

(= Mo, Mi, Sa: 5 x 3 min Gehen, 5 x 1 min Laufen)

2. WOCHE

Mo 4 min Gehen, 2 min Laufen, 4 min Gehen, 2 min Laufen, 4 min Gehen, 2 min Laufen, 4 min Gehen, 2 min Laufen

Mi 4 min Gehen, 2 min Laufen, 4 min Gehen, 2 min Laufen, 4 min Gehen, 2 min Laufen, 4 min Gehen, 2 min Laufen

Sa 4 min Gehen, 2 min Laufen, 4 min Gehen, 2 min Laufen, 4 min Gehen, 2 min Laufen, 4 min Gehen, 2 min Laufen

(= Mo, Mi, Sa: 4 x 4 min Gehen, 4 x 2 min Laufen)

3. WOCHE

Mo 4 min Gehen, 3 min Laufen, 4 min Gehen, 3 min Laufen, 4 min Gehen, 3 min Laufen, 4 min Gehen, 3 min Laufen

Mi 4 min Gehen, 3 min Laufen, 4 min Gehen, 3 min Laufen, 4 min Gehen, 3 min Laufen, 4 min Gehen, 3 min Laufen

Sa 4 min Gehen, 3 min Laufen, 4 min Gehen, 3 min Laufen, 4 min Gehen, 3 min Laufen, 4 min Gehen, 3 min Laufen

(= Mo, Mi, Sa: 4 x 4 min Gehen, 4 x 3 min Laufen)

4. WOCHE

Mo 3 min Gehen, 3 min Laufen, 3 min Gehen, 3 min Laufen, 3 min Gehen, 3 min Laufen, 3 min Gehen, 3 min Laufen, 3 min Gehen, 3 min Laufen

Mi 3 min Gehen, 3 min Laufen, 3 min Gehen, 3 min Laufen, 3 min Gehen, 3 min Laufen, 3 min Gehen, 3 min Laufen, 3 min Gehen, 3 min Laufen

Sa 3 min Gehen, 3 min Laufen, 3 min Gehen, 3 min Laufen, 3 min Gehen, 3 min Laufen, 3 min Gehen, 3 min Laufen, 3 min Gehen, 3 min Laufen

(= Mo, Mi, Sa: 5 x 3 min Gehen, 5 x 3 min Laufen)

5. WOCHE

Mo 3 min Gehen, 4 min Laufen, 3 min Gehen, 4 min Laufen, 3 min Gehen, 4 min Laufen, 3 min Gehen, 4 min Laufen, 3 min Gehen, 4 min Laufen

Mi 3 min Gehen, 4 min Laufen, 3 min Gehen, 4 min Laufen, 3 min Gehen, 4 min Laufen, 3 min Gehen, 4 min Laufen, 3 min Gehen, 4 min Laufen

Sa 3 min Gehen, 4 min Laufen, 3 min Gehen, 4 min Laufen, 3 min Gehen, 4 min Laufen, 3 min Gehen, 4 min Laufen, 3 min Gehen, 4 min Laufen

(= Mo, Mi, Sa: 5 x 3 min Gehen, 5 x 4 min Laufen)

6. WOCHE

Mo 3 min Gehen, 5 min Laufen, 3 min Gehen, 5 min Laufen, 3 min Gehen, 5 min Laufen, 3 min Gehen, 5 min Laufen, 3 min Gehen, 5 min Laufen

Mi 3 min Gehen, 5 min Laufen, 3 min Gehen, 5 min Laufen, 3 min Gehen, 5 min Laufen, 3 min Gehen, 5 min Laufen, 3 min Gehen, 5 min Laufen

Sa 3 min Gehen, 5 min Laufen, 3 min Gehen, 5 min Laufen, 3 min Gehen, 5 min Laufen, 3 min Gehen, 5 min Laufen, 3 min Gehen, 5 min Laufen

(= Mo, Mi, Sa: 5 x 3 min Gehen, 5 x 5 min Laufen)

7. WOCHE

Mo 2 min Gehen, 6 min Laufen, 2 min Gehen, 6 min Laufen, 2 min Gehen, 6 min Laufen, 2 min Gehen, 6 min Laufen, 2 min Gehen, 6 min Laufen, 2 min Gehen, 6 min Laufen

Mi 2 min Gehen, 6 min Laufen, 2 min Gehen, 6 min Laufen, 2 min Gehen, 6 min Laufen, 2 min Gehen, 6 min Laufen, 2 min Gehen, 6 min Laufen, 2 min Gehen, 6 min Laufen

Sa 2 min Gehen, 6 min Laufen, 2 min Gehen, 6 min Laufen, 2 min Gehen, 6 min Laufen, 2 min Gehen, 6 min Laufen, 2 min Gehen, 6 min Laufen, 2 min Gehen, 6 min Laufen

(= Mo, Mi, Sa: 6 x 2 min Gehen, 6 x 6 min Laufen)

8. WOCHE

Di 2 min Gehen, 6 min Laufen, 2 min Gehen, 6 min Laufen, 2 min Gehen, 6 min Laufen, 2 min Gehen, 6 min Laufen

(= 4 x 2 min Gehen, 4 x 6 min Laufen)

Sa/So 5 km (evtl. im Rahmen eines Wettkampfs) mit abwechselnd sechs Minuten Laufen und 2 Minuten schnellem Gehen

2. Einsteiger

Das 8-Wochen-Trainingsprogramm für fitte Laufanfänger ohne sportlichen Background: Gehen, wandern, «walken» können Sie schon sozusagen bis zum Umfallen. Aber laufen?

Mit dem Einsteiger-Programm werden Sie innerhalb von acht Wochen 5 Kilometer (oder 30 Minuten) am Stück zurücklegen können. Ohne Pausen, ohne zu verschnaufen und vermutlich auch ohne zu schnaufen. Der Zeitaufwand? Mindestens 25, höchstens 35 Minuten, dreimal pro Woche.

1. WOCHE	**Mo**	6x2 min Laufen – (dazwischen 1:30 min Gehen)
	Mi	4x3 min Laufen – (dazwischen 1:30 min Gehen)
	Sa	6x2 min Laufen – (dazwischen 1:30 min Gehen)
2. WOCHE	**Mo**	6x3 min Laufen – (dazwischen 1:30 min Gehen)
	Mi	4x5 min Laufen – (dazwischen 2 min Gehen)
	Sa	6x3 min Laufen – (dazwischen 1:30 min Gehen)
3. WOCHE	**Mo**	6x4 min Laufen – (dazwischen 1:30 min Gehen)
	Mi	4x6 min Laufen – (dazwischen 1:30 min Gehen)
	Sa	6x4 min Laufen – (dazwischen 1:30 min Gehen)
4. WOCHE	**Mo**	4x6 min Laufen – (dazwischen 1:30 min Gehen)
	Mi	3x8 min Laufen – (dazwischen 1:30 min Gehen)
	Sa	4x6 min Laufen – (dazwischen 1:30 min Gehen)

5. WOCHE	Mo	4x8 min Laufen – (dazwischen 1:30 min Gehen)
	Mi	2x10 min Laufen – (dazwischen 1:30 min Gehen)
	Sa	4x8 min Laufen – (dazwischen 1:30 min Gehen)
6. WOCHE	Mo	3x10 min Laufen – (dazwischen 1:30 min Gehen)
	Mi	2x12 min Laufen – (dazwischen 1:30 min Gehen)
	Sa	3x10 min Laufen – (dazwischen 1:30 min Gehen)
7. WOCHE	Mo	3x10 min Laufen – (dazwischen 1 min Gehen)
	Mi	4x8 min Laufen – (dazwischen 1 min Gehen)
	Sa	3x10 min Laufen – (dazwischen 1 min Gehen)
8. WOCHE	Mo	2x15 min Laufen – (dazwischen 1 min Gehen)
	Mi	4x8 min Laufen – (dazwischen 1 min Gehen)
	Sa	5 km Laufen ohne Gehpausen (evtl. im Rahmen eines Wettkampfs)

3. Sportliche Einsteiger

Der 8-Wochen-Plan für sportliche Einsteiger: Sie sind sportlich, normalgewichtig, haben aber keinerlei Lauferfahrung?

So schaffen Sie es, in acht Wochen 5 Kilometer durchzulaufen – ohne Pausen und ohne aus der Puste zu kommen:

1. WOCHE

Mo 5 min Laufen, 3 min Gehen, 5 min Laufen, 3 min Gehen, 5 min Laufen, 3 min Gehen, 5 min Laufen, 3 min Gehen

Mi 5 min Laufen, 3 min Gehen, 5 min Laufen, 3 min Gehen, 5 min Laufen, 3 min Gehen, 5 min Laufen, 3 min Gehen

Sa 5 min Laufen, 3 min Gehen, 5 min Laufen, 3 min Gehen, 5 min Laufen, 3 min Gehen, 5 min Laufen, 3 min Gehen

(= Mo, Mi, Sa: 4 x 5 min Laufen, 4 x 3 min Gehen)

2. WOCHE

Mo 7 min Laufen, 3 min Gehen, 7 min Laufen, 3 min Gehen, 7 min Laufen, 3 min Gehen

Mi 7 min Laufen, 3 min Gehen, 7 min Laufen, 3 min Gehen, 7 min Laufen, 3 min Gehen

Sa 7 min Laufen, 3 min Gehen, 7 min Laufen, 3 min Gehen, 7 min Laufen, 3 min Gehen

(= Mo, Mi, Sa: 3 x 7 min Laufen, 3 x 3 min Gehen)

3. WOCHE

Mo 8 min Laufen, 2 min Gehen, 8 min Laufen, 2 min Gehen, 8 min Laufen, 2 min Gehen

Mi 8 min Laufen, 2 min Gehen, 8 min Laufen, 2 min Gehen, 8 min Laufen, 2 min Gehen

Sa 8 min Laufen, 2 min Gehen, 8 min Laufen, 2 min Gehen, 8 min Laufen, 2 min Gehen

(= Mo, Mi, Sa: 3 x 8 min Laufen, 3 x 2 min Gehen)

4. WOCHE

Mo 9 min Laufen, 2 min Gehen, 9 min Laufen, 2 min Gehen, 9 min Laufen, 2 min Gehen

Mi 9 min Laufen, 2 min Gehen, 9 min Laufen, 2 min Gehen, 9 min Laufen, 2 min Gehen

Sa 9 min Laufen, 2 min Gehen, 9 min Laufen, 2 min Gehen, 9 min Laufen, 2 min Gehen

(= Mo, Mi, Sa: 3 x 9 min Laufen, 3 x 2 min Gehen)

5. WOCHE

Mo 9 min Laufen, 1 min Gehen, 9 min Laufen, 1 min Gehen, 9 min Laufen, 1 min Gehen

Mi 9 min Laufen, 1 min Gehen, 9 min Laufen, 1 min Gehen, 9 min Laufen, 1 min Gehen

Sa 9 min Laufen, 1 min Gehen, 9 min Laufen, 1 min Gehen, 9 min Laufen, 1 min Gehen

(= Mo, Mi, Sa: 3 x 9 min Laufen, 3 x 1 min Gehen)

6. WOCHE

Mo 12 min Laufen, 2 min Gehen, 12 min Laufen, 2 min Gehen

Mi 12 min Laufen, 2 min Gehen, 12 min Laufen, 2 min Gehen

Sa 12 min Laufen, 2 min Gehen, 12 min Laufen, 2 min Gehen

(= Mo, Mi, Sa: 2 x 12 min Laufen, 2 x 2 min Gehen)

7. WOCHE

Mo 15 min Laufen, 2 min Gehen, 15 min Laufen

Mi 15 min Laufen, 2 min Gehen, 15 min Laufen

Sa 15 min Laufen, 2 min Gehen, 15 min Laufen

(= Mo, Mi, Sa: 2 x 15 min Laufen, 1 x 2 min Gehen)

8. WOCHE

Di 15 min Laufen

Sa/So 5 km Laufen

4. Freizeitläufer

a) 5-Kilometer-Leistungsvermögen: über 28:30 Minuten
2 x Training pro Woche

1. WOCHE

Mo	Ruhetag
Di	30 min ruhiger DL
Mi	Ruhetag
Do	Ruhetag
Fr	Ruhetag
Sa	50 min langsamer DL
So	Ruhetag

2. WOCHE

Mo	Ruhetag
Di	Ruhetag
Mi	10 min langsamer DL, 20 min Fahrtspiel (wechselndes Tempo nach Gefühl), 10 min langsamer DL
Do	Ruhetag
Fr	Ruhetag
Sa	50 min langsamer DL
So	Ruhetag

3. WOCHE

Mo	Ruhetag
Di	Ruhetag
Mi	5 min langsamer DL, anschl. 10 x 1 min schnell (2 min Traben zwischen den Belastungen), 5 min langsamer DL
Do	Ruhetag
Fr	Ruhetag
Sa	50 – 60 min langsamer DL
So	Ruhetag

4. WOCHE

Mo	Ruhetag
Di	Ruhetag
Mi	50 min langsamer DL
Do	Ruhetag
Fr	Ruhetag
Sa	Ruhetag
So	25 min sehr zügiger DL, mit jeweils 5 – 10 min Ein- und Auslaufen

5. WOCHE

Mo	Ruhetag
Di	Ruhetag
Mi	40 min ruhiger DL
Do	Ruhetag
Fr	Ruhetag
Sa	Ruhetag
So	10 min langsamer DL, 25 min Fahrtspiel (wechselndes Tempo nach Gefühl), 10 min langsamer DL

6. WOCHE

Mo	Ruhetag
Di	Ruhetag
Mi	40 min ruhiger DL
Do	Ruhetag
Fr	Ruhetag
Sa	5 min langsamer DL, 5 x 2 min schnell (2 min Traben zwischen den Belastungen), 5 min langsamer DL
So	Ruhetag

7. WOCHE

Mo	Ruhetag
Di	Ruhetag
Mi	10 min langsamer DL, 25 min Fahrtspiel (wechselndes Tempo nach Gefühl), 10 min langsamer DL
Do	Ruhetag
Fr	Ruhetag
Sa	60 min langsamer DL
So	Ruhetag

8. WOCHE

Mo	Ruhetag
Di	10 min langsamer DL, 3 x 3 min schnell (2 min Traben zwischen den Belastungen), 5 min langsamer DL
Mi	Ruhetag
Do	15 min langsamer DL
Fr	Ruhetag
Sa/So	5-Kilometer-Wettkampf, mit jeweils 10 min Ein- und Auslaufen

b) 5-Kilometer-Leistungsvermögen: über 26:15 Minuten
2–3 x Training pro Woche

1. WOCHE

Mo	Ruhetag
Di	Ruhetag
Mi	30 min ruhiger DL
Do	Ruhetag
Fr	Ruhetag
Sa	50 min langsamer DL
So	Ruhetag

2. WOCHE

Mo	Ruhetag
Di	Ruhetag
Mi	10 min langsamer DL, 5 x 3 min schnell (2 min Traben zwischen den Belastungen), 5 min langsamer DL
Do	Ruhetag
Fr	Ruhetag
Sa	50 min langsamer DL
So	Ruhetag

3. WOCHE

Mo	Ruhetag
Di	Ruhetag
Mi	10 min langsamer DL, 10 x 1 min schnell (90 sek Traben zwischen den Belastungen), 10 min langsamer DL
Do	Ruhetag
Fr	50–60 min langsamer DL
Sa	Ruhetag
So	30 min ruhiger DL, anschließend 3 Steigerungen

4. WOCHE

Mo	Ruhetag
Di	Ruhetag
Mi	35 min ruhiger DL, anschließend 3 Steigerungen
Do	Ruhetag
Fr	Ruhetag
Sa	10 min langsamer DL, 25 min sehr zügiger DL, 10 min langsamer DL
So	Ruhetag

5. WOCHE

Mo	Ruhetag
Di	Ruhetag
Mi	40 min ruhiger DL
Do	Ruhetag
Fr	30 min ruhiger DL
Sa	Ruhetag
So	10 min langsamer DL, 5x3 min schnell (3 min Traben zwischen den Belastungen), 10 min langsamer DL

6. WOCHE

Mo	Ruhetag
Di	Ruhetag
Mi	50 min ruhiger DL
Do	Ruhetag
Fr	Ruhetag
Sa	10 min langsamer DL, 10x1 min schnell (90 sek Traben zwischen den Belastungen), 10 min langsamer DL
So	Ruhetag

7. WOCHE

Mo	Ruhetag
Di	60 min langsamer DL
Mi	Ruhetag
Do	Ruhetag
Fr	10 min langsamer DL, 4x4 min schnell (2 min Traben zwischen den Belastungen), 10 min langsamer DL
Sa	Ruhetag
So	60 min langsamer DL

8. WOCHE

Mo	Ruhetag
Di	10 min langsamer DL, 3x3 min schnell (2 min Traben zwischen den Belastungen), 5 min langsamer DL
Mi	Ruhetag
Do	15 min langsamer DL, 3 Steigerungen
Fr	Ruhetag
Sa/So	5-Kilometer-Wettkampf, mit jeweils 10 min Ein- und Auslaufen

c) **5-Kilometer-Leistungsvermögen: über 23:45 Minuten**
3 x Training pro Woche

1. WOCHE

Mo	Ruhetag
Di	Ruhetag
Mi	30 min ruhiger DL
Do	Ruhetag
Fr	Ruhetag
Sa	50 min langsamer DL
So	35 min ruhiger DL

2. WOCHE

Mo	Ruhetag
Di	Ruhetag
Mi	5 x 3 min schnell (2 min Traben zwischen den Belastungen), mit jeweils 10 min Ein- und Auslaufen
Do	Ruhetag
Fr	Ruhetag
Sa	50 min langsamer DL
So	35 min ruhiger DL

3. WOCHE

Mo	Ruhetag
Di	Ruhetag
Mi	10 x 1 min schnell (90 sek Traben zwischen den Belastungen), mit Ein- und Auslaufen
Do	Ruhetag
Fr	Ruhetag
Sa	50–60 min langsamer DL
So	40 min ruhiger DL, anschließend 5 Steigerungen

4. WOCHE

Mo	Ruhetag
Di	Ruhetag
Mi	35 min ruhiger DL, anschließend 5 Steigerungen
Do	Ruhetag
Fr	50 min langsamer DL
Sa	Ruhetag
So	25 min sehr zügiger DL, mit jeweils 10 min Ein- und Auslaufen

5. WOCHE

Mo	Ruhetag
Di	Ruhetag
Mi	40 min ruhiger DL
Do	Ruhetag
Fr	40 min ruhiger DL
Sa	Ruhetag
So	6x3 min schnell (2 min Traben zwischen den Belastungen), mit jeweils 10 min Ein- und Auslaufen

6. WOCHE

Mo	Ruhetag
Di	40 min ruhiger DL
Mi	Ruhetag
Do	Ruhetag
Fr	10x1 min schnell (90 sek Traben zwischen den Belastungen), mit jeweils 10 min Ein- und Auslaufen
Sa	Ruhetag
So	60 min langsamer DL, anschließend 5 Steigerungen

7. WOCHE

Mo	Ruhetag
Di	Ruhetag
Mi	4x4 min schnell (2 min Traben zwischen den Belastungen), mit jeweils 10 min Ein- und Auslaufen
Do	Ruhetag
Fr	Ruhetag
Sa	60 min langsamer DL
So	35 min ruhiger DL, anschließend 5 Steigerungen

8. WOCHE

Mo	Ruhetag
Di	3x3 min schnell (2 min Traben zwischen den Belastungen), mit jeweils 10 min Ein- und Auslaufen
Mi	Ruhetag
Do	20 min langsamer DL, 3 Steigerungen
Fr	Ruhetag
Sa/So	5-Kilometer-Wettkampf, mit jeweils 10 min Ein- und Auslaufen

5. Engagierte Läufer

a) 5-Kilometer-Leistungsvermögen: 22:45 Minuten
3 x Training pro Woche

1. WOCHE

Mo	Ruhetag
Di	40 min ruhiger DL
Mi	Ruhetag
Do	10 x 90 sek schnell (90 sek Traben zwischen den Belastungen), mit jeweils 10 min Ein- und Auslaufen
Fr	Ruhetag
Sa	60 min langsamer DL
So	Ruhetag

2. WOCHE

Mo	Ruhetag
Di	6 x 3 min schnell (2 min Traben zwischen den Belastungen), mit jeweils 10 min Ein- und Auslaufen
Mi	Ruhetag
Do	40 min ruhiger DL
Fr	Ruhetag
Sa	Ruhetag
So	60 min langsamer DL

3. WOCHE

Mo	Ruhetag
Di	7 x 400 m schnell (90 sek Traben zwischen den Belastungen), mit jeweils 10 min Ein- und Auslaufen
Mi	Ruhetag
Do	40 min ruhiger DL
Fr	Ruhetag
Sa	30 min sehr zügiger DL, mit jeweils 10 min Ein- und Auslaufen
So	Ruhetag

4. WOCHE

Mo	Ruhetag
Di	Ruhetag
Mi	40 min ruhiger DL
Do	Ruhetag
Fr	5 x 4 min schnell (2 min Traben zwischen den Belastungen), mit jeweils 10 min Ein- und Auslaufen
Sa	Ruhetag
So	60 min langsamer DL, anschließend 5 Steigerungen

5. WOCHE

Mo	Ruhetag
Di	Ruhetag
Mi	7 x 400 m schnell (90 sek Traben zwischen den Belastungen), mit jeweils 10 min Ein- und Auslaufen
Do	Ruhetag
Fr	45 min ruhiger DL
Sa	Ruhetag
So	60 min langsamer DL

6. WOCHE

Mo	Ruhetag
Di	4 x 1000 m schnell (2 min Traben zwischen den Belastungen), mit jeweils 10 min Ein- und Auslaufen
Mi	Ruhetag
Do	35 min ruhiger DL
Fr	Ruhetag
Sa	Ruhetag
So	2 x 10 min sehr zügiger DL (dazwischen 5 min Pause), mit Ein- und Auslaufen

7. WOCHE

Mo	Ruhetag
Di	40 min langsamer DL
Mi	Ruhetag
Do	Ruhetag
Fr	8 x 200 m sehr schnell (2 min Gehen zwischen den Belastungen), mit jeweils 10 min Ein- und Auslaufen
Sa	Ruhetag
So	40 min ruhiger DL

8. WOCHE

Mo	Ruhetag
Di	3x4 min schnell (2 min Traben zwischen den Belastungen), mit Ein- und Auslaufen
Mi	Ruhetag
Do	20 min ruhiger DL
Fr	Ruhetag
Sa	10 min langsamer DL, anschließend 3 Steigerungen
So	5-Kilometer-Wettkampf, mit jeweils 10 min Ein- und Auslaufen

b) 5-Kilometer-Leistungsvermögen: 21:00 Minuten
3–4 x Training pro Woche

1. WOCHE

Mo	Ruhetag
Di	50 min ruhiger DL
Mi	Ruhetag
Do	8x90 sek schnell (1 min Traben zwischen den Belastungen), mit jeweils 10 min Ein- und Auslaufen
Fr	Ruhetag
Sa	Ruhetag
So	60 min langsamer DL

2. WOCHE

Mo	Ruhetag
Di	8x3 min schnell (2 min Traben zwischen den Belastungen) , mit jeweils 10 min Ein- und Auslaufen
Mi	Ruhetag
Do	40 min ruhiger DL
Fr	Ruhetag
Sa	Ruhetag
So	60 min langsamer DL

3. WOCHE

Mo	40 min ruhiger DL
Di	8x400m schnell (90 sek Traben zwischen den Belastungen), mit jeweils 10 min Ein- und Auslaufen
Mi	Ruhetag
Do	40 min ruhiger DL
Fr	Ruhetag
Sa	Ruhetag
So	60 min ruhiger DL

4. WOCHE

Mo	Ruhetag
Di	40 min ruhiger DL
Mi	6x3 min schnell (2 min Traben zwischen den Belastungen), mit jeweils 10 min Ein- und Auslaufen
Do	Ruhetag
Fr	40 min ruhiger DL
Sa	Ruhetag
So	60 min langsamer DL, anschließend 3 Steigerungen

5. WOCHE

Mo	Ruhetag
Di	40 min ruhiger DL
Mi	Ruhetag
Do	8x500 m schnell (90 sek Traben zwischen den Belastungen), mit jeweils 10 min Ein- und Auslaufen
Fr	Ruhetag
Sa	45 min ruhiger DL
So	60 min langsamer DL

6. WOCHE

Mo	Ruhetag
Di	4x1000 m schnell (2 min Traben zwischen den Belastungen), mit jeweils 10 min Ein- und Auslaufen
Mi	Ruhetag
Do	35 min ruhiger DL
Fr	Ruhetag
Sa	10 min langsamer DL, 30 min Fahrtspiel (wechselndes Tempo nach Gefühl), 10 min langsamer DL
So	50 min langsamer DL

7. WOCHE

Mo	Ruhetag
Di	40 min langsamer DL
Mi	Ruhetag
Do	10x200 m sehr schnell (1 min Gehen zwischen den Belastungen), mit jeweils 10 min Ein- und Auslaufen
Fr	Ruhetag
Sa	50 min ruhiger DL
So	Ruhetag

8. WOCHE

Mo	Ruhetag
Di	5x3 min schnell (2 min Traben zwischen den Belastungen), mit 10 min Ein- und 5 min Auslaufen
Mi	Ruhetag
Do	20 min ruhiger DL
Fr	Ruhetag
Sa	10 min langsamer DL, anschließend 5 Steigerungen
So	5-Kilometer-Wettkampf

c) 5-Kilometer-Leistungsvermögen: 19:00 Minuten
4x Training pro Woche

1. WOCHE

Mo	Ruhetag
Di	40 min ruhiger DL
Mi	Ruhetag
Do	7x400m schnell (90 sek Traben zwischen den Belastungen), mit jeweils 10 min Ein- und Auslaufen
Fr	Ruhetag
Sa	40 min ruhiger DL
So	60 min langsamer DL

2. WOCHE

Mo	Ruhetag
Di	8x3 min schnell (2 min Traben zwischen den Belastungen), mit jeweils 10 min Ein- und Auslaufen
Mi	Ruhetag
Do	40 min ruhiger DL
Fr	Ruhetag
Sa	10 min langsamer DL, 30 min Fahrtspiel (wechselndes Tempo nach Gefühl), 10 min langsamer DL
So	60 min langsamer DL

3. WOCHE

Mo	40 min ruhiger DL
Di	10 x 400 m schnell (90 sek Traben zwischen den Belastungen), mit jeweils 10 min Ein- und Auslaufen
Mi	Ruhetag
Do	40 min ruhiger DL
Fr	Ruhetag
Sa	30 min sehr zügiger DL, mit jeweils 10 min Ein- und Auslaufen
So	Ruhetag

4. WOCHE

Mo	40 min ruhiger DL
Di	Ruhetag
Mi	5 x 4 min schnell (2 min Traben zwischen den Belastungen), mit jeweils 10 min Ein- und Auslaufen
Do	Ruhetag
Fr	40 min ruhiger DL
Sa	Ruhetag
So	60 min langsamer DL, anschließend 5 Steigerungen

5. WOCHE

Mo	Ruhetag
Di	40 min ruhiger DL
Mi	10 x 500 m schnell (90 sek Traben zwischen den Belastungen), mit jeweils 10 min Ein- und Auslaufen
Do	Ruhetag
Fr	45 min ruhiger DL
Sa	Ruhetag
So	60 min langsamer DL

6. WOCHE

Mo	Ruhetag
Di	5 x 1000 m schnell (2 min Traben zwischen den Belastungen), mit jeweils 10 min Ein- und Auslaufen
Mi	Ruhetag
Do	35 min ruhiger DL
Fr	Ruhetag
Sa	2 x 10 min sehr zügiger DL (dazwischen 5 min Pause), mit jeweils 10 min Ein- und Auslaufen
So	50 min langsamer DL

7. WOCHE

Mo	Ruhetag
Di	10x200m sehr schnell (1 min Gehen zwischen den Belastungen), mit jeweils 10 min Ein- und Auslaufen
Mi	40 min langsamer DL
Do	Ruhetag
Fr	10 min langsamer DL, 40 min Fahrtspiel, 10 min langsamer DL
Sa	Ruhetag
So	30 min ruhiger DL

8. WOCHE

Mo	Ruhetag
Di	3x4 min schnell (2 min Traben zwischen den Belastungen), mit jeweils 10 min Ein- und Auslaufen
Mi	Ruhetag
Do	20 min ruhiger DL
Fr	Ruhetag
Sa	10 min langsamer DL, anschließend 3–5 Steigerungen
So	5-Kilometer-Wettkampf (mit jeweils 10 min Ein- und Auslaufen)

6. Ambitionierte Läufer

a) 5-Kilometer-Leistungsvermögen: 18:15 Minuten 5 x Training pro Woche

1. WOCHE

Mo	8–10 km ruhiger DL
Di	8x400m in 1:24 min (90 sek Traben zwischen den Belastungen), mit jeweils 10 min Ein- und Auslaufen
Mi	Ruhetag
Do	10 km lockerer DL
Fr	Ruhetag
Sa	15 km langsamer DL
So	6–8 km ruhiger DL, anschließend 3–5 Steigerungen

2. WOCHE

Mo	8 km ruhiger DL
Di	5 x 1000 m in 3:40 min (2 min Traben zwischen den Belastungen), mit jeweils 10 min Ein- und Auslaufen
Mi	Ruhetag
Do	15 km langsamer DL
Fr	Ruhetag
Sa	10 min langsamer DL, 30 min Fahrtspiel (wechselndes Tempo nach Gefühl), 10 min langsamer DL
So	12 km ruhiger DL

3. WOCHE

Mo	8 km ruhiger DL
Di	10 x 400 m in 1:24 min (90 sek Traben zwischen den Belastungen), mit jeweils 10 min Ein- und Auslaufen
Mi	Ruhetag
Do	10 km lockerer DL
Fr	Ruhetag
Sa	6–8 km zügiger DL, mit jeweils 10 min Ein- und Auslaufen
So	18 km langsamer DL

4. WOCHE

Mo	10 km ruhiger DL
Di	5 x 1000 m in 3:40 min (2 min Traben zwischen den Belastungen), mit jeweils 10 min Ein- und Auslaufen
Mi	Ruhetag
Do	12 km langsamer DL, anschließend 5 Steigerungen
Fr	Ruhetag
Sa	10 min langsamer DL, 40 min Fahrtspiel (wechselndes Tempo nach Gefühl), 10 min langsamer DL
So	16 km langsamer DL

5. WOCHE

Mo	8 km ruhiger DL
Di	15 x 200 m in 43 sek (90 sek Gehen zwischen den Belastungen), mit jeweils 10 min Ein- und Auslaufen
Mi	Ruhetag
Do	10 km ruhiger DL
Fr	Ruhetag
Sa	10 min langsamer DL, 40 min Fahrtspiel (wechselndes Tempo nach Gefühl), 10 min langsamer DL
So	18 km langsamer DL

6. WOCHE	Mo	8 km ruhiger DL
	Di	300 m in 1:03 min (200 m Traben), 600 m in 2:12 min (400 m Traben), 1200 m in 4:24 min (800 m Traben), 1000 m in 3:40 min (600 m Traben), 500 m in 1:45 min (200 m Traben), 200 m in 40 sek, mit jeweils 10 min Ein- und Auslaufen
	Mi	Ruhetag
	Do	14 km langsamer DL
	Fr	Ruhetag
	Sa	10 min langsamer DL, 2 x 15 min sehr zügiger DL (dazwischen 5 min Pause), 10 min langsamer DL
	So	8–10 km ruhiger DL

7. WOCHE	Mo	6–8 km ruhiger DL
	Di	5 x 1000 m in 3:39 min (2 min Traben zwischen den Belastungen), mit jeweils 10 min Ein- und Auslaufen
	Mi	10 km ruhiger DL
	Do	Ruhetag
	Fr	10 min langsamer DL, 40 min Fahrtspiel (wechselndes Tempo nach Gefühl), 10 min langsamer DL
	Sa	Ruhetag
	So	14 km langsamer DL, anschließend 5 Steigerungen

8. WOCHE	Mo	8 km ruhiger DL
	Di	3 x 1000 m in 3:39 min (2 min Traben zwischen den Belastungen), mit jeweils 10 min Ein- und Auslaufen
	Mi	Ruhetag
	Do	20 min langsamer DL, anschließend 5 Steigerungen
	Fr	Ruhetag
	Sa	10 min langsamer DL, anschließend 3 Steigerungen
	So	5-Kilometer-Wettkampf mit jeweils 10 min Ein- und Auslaufen

b) 5-Kilometer-Leistungsvermögen: 16:45 Minuten
6 x Training in der Woche

1. WOCHE

Mo	10 km ruhiger DL
Di	10 x 400 m in 76 sek (90 sek Traben zwischen den Belastungen), mit jeweils 20 min Ein- und Auslaufen
Mi	Ruhetag
Do	12 km lockerer DL
Fr	Ruhetag
Sa	16 km langsamer DL
So	10 km ruhiger DL, anschließend 5 Steigerungen

2. WOCHE

Mo	10 km ruhiger DL
Di	5 x 1000 m in 3:20–3:25 min (2 min Traben zwischen den Belastungen), mit jeweils 20 min Ein- und Auslaufen
Mi	Ruhetag
Do	15 km langsamer DL
Fr	10 km ruhiger DL, anschließend 5 Steigerungen
Sa	20 min langsamer DL, 40 min Fahrtspiel (wechselndes Tempo nach Gefühl), 15 min langsamer DL
So	12 km ruhiger DL

3. WOCHE

Mo	10 km ruhiger DL
Di	12 x 400 m in 76 sek (90 sek Traben zwischen den Belastungen), mit jeweils 20 min Ein- und Auslaufen
Mi	10 km ruhiger DL
Do	10 km lockerer DL
Fr	Ruhetag
Sa	10 min langsamer DL, 6–8 km zügiger DL, 10 min langsamer DL
So	16 km langsamer DL

4. WOCHE

Mo	10 km ruhiger DL
Di	5 x 1000 m in 3:20 min (2 min Traben zwischen den Belastungen), mit jeweils 20 min Ein- und Auslaufen
Mi	10 km ruhiger DL
Do	14 km langsamer DL, anschließend 10 Steigerungen
Fr	Ruhetag
Sa	10 min langsamer DL, 6–8 km zügiger DL, 10 min langsamer DL
So	16 km langsamer DL

5. WOCHE

Mo	10 km ruhiger DL
Di	15 x 200 m in 36–38 sek (1 min Gehen zwischen den Belastungen), mit jeweils 20 min Ein- und Auslaufen
Mi	Ruhetag
Do	10 km ruhiger DL
Fr	20 min langsamer DL, 40 min Fahrtspiel (wechselndes Tempo nach Gefühl), 15 min langsamer DL
Sa	6–8 km ruhiger DL
So	16–18 km langsamer DL

6. WOCHE

Mo	10 km ruhiger DL
Di	300 m in 55 sek (200 m Traben), 600 m 1:54 min (400 m Traben), 1200 m in 4:02 min (800 m Traben), 1000 m in 3:20 min (600 m Traben), 500 m 1:35 min (200 m Traben), 200 m in 37 sek, mit jeweils 15–20 min Ein- und Auslaufen
Mi	Ruhetag
Do	12–14 km langsamer DL
Fr	10 km ruhiger DL, anschließend 5 Steigerungen
Sa	10 min langsamer DL, 2 x 15 min sehr zügiger DL (dazwischen 5 min Pause), 10 min langsamer DL
So	10 km ruhiger DL

7. WOCHE

Mo	8–10 km ruhiger DL
Di	5 x 1000 m in 3:20 min (2 min Traben zwischen den Belastungen), mit jeweils 20 min Ein- und Auslaufen
Mi	10 km ruhiger DL
Do	12 km lockerer DL
Fr	20 min langsamer DL, 40 min Fahrtspiel (wechselndes Tempo nach Gefühl), 15 min langsamer DL
Sa	Ruhetag
So	15 km langsamer DL, anschließend 10 Steigerungen

8. WOCHE

Mo	8 km ruhiger DL
Di	3 x 1000 m in 3:20–3:25 min (2 min Traben zwischen den Belastungen), mit jeweils 10 min Ein- und Auslaufen
Mi	Ruhetag
Do	20 min langsamer DL, anschließend 3–5 Steigerungen
Fr	Ruhetag
Sa	15 min langsamer DL, anschließend 5 Steigerungen
So	5-Kilometer-Wettkampf

7. Eliteläufer

a) 5-Kilometer-Leistungsvermögen: 15:15 Minuten
7 x Training pro Woche

1. WOCHE

Mo	10 km ruhiger DL
Di	20 min Einlaufen, anschließend 3 Steigerungen und 3 x 60-m-Sprints, 10 x 400 m in 70 sek (200 m Traben zwischen den Belastungen), 20 min Auslaufen
Mi	12 km langsamer DL
Do	12 km lockerer DL
Fr	20 min Einlaufen, 3 x 2000 m in 6:10 min, 20 min Auslaufen
Sa	10 km langsamer DL
So	18 km ruhiger DL, anschließend 5 Steigerungen

2. WOCHE

Mo	10 km ruhiger DL
Di	20 min Einlaufen, anschließend 3 Steigerungen, 5 x 1000 m in 3:05 min (400 m Traben zwischen den Belastungen), 20 min Auslaufen
Mi	14 km ruhiger DL
Do	15 km langsamer DL
Fr	10 km ruhiger DL, anschließend 10 Steigerungen
Sa	20 min langsamer DL, 15 x 1:30 min schnell bergauf, 20 min langsamer DL
So	12 km ruhiger DL

3. WOCHE

Mo	10 km ruhiger DL
Di	20 min Einlaufen, anschließend 3 Steigerungen und 3 x 60-m-Sprints, 12 x 400 m in 70 sek (200 m Traben zwischen den Belastungen), 20 min Auslaufen
Mi	12 km ruhiger DL
Do	12 km lockerer DL
Fr	Ruhetag
Sa	20 min Einlaufen, 1000 m in 3:03 min (400 m Traben), 2000 m in 6:10 (800 m Traben), 1000 m in 3:03 min (400 m Traben), 2000 m in 6:10 min, 20 min Auslaufen
So	15 km langsamer DL

4. WOCHE

Mo	12 km ruhiger DL
Di	12 km ruhiger DL, anschließend 5 Steigerungen
Mi	20 min langsamer DL, 15 x 1:30 min schnell bergauf, 20 min langsamer DL
Do	15 km langsamer DL
Fr	12 km ruhiger DL, anschließend 5 Steigerungen
Sa	20 min Einlaufen, anschließend 3 Steigerungen, 5 x 1000 m in 3:03 min (400 m Traben zwischen den Belastungen), 20 min Auslaufen
So	14 km langsamer DL

5. WOCHE

Mo	10 km ruhiger DL
Di	20 min Einlaufen, anschließend 3 Steigerungen und 3x60-m-Sprints, 10x400m in 70 sek (200m Traben zwischen den Belastungen), 20 min Auslaufen
Mi	14 km langsamer DL
Do	12 km ruhiger DL
Fr	20 min Einlaufen, 3x2000m in 6:06 min, 20 min Auslaufen
Sa	10 km ruhiger DL
So	18 km langsamer DL

6. WOCHE

Mo	10 km ruhiger DL
Di	20 min Einlaufen, anschließend 3 Steigerungen und 3x60-m-Sprints, 300m in 52 sek (200m Traben), 600m in 1:45 min (400m Traben), 1200m in 3:40 min (800m Traben), 1000m in 3:03 min (600m Traben), 500m in 1:28 min (200m Traben), 200m in 34 sek, 20 min Auslaufen
Mi	12 km lockerer DL
Do	15 km langsamer DL
Fr	10 km ruhiger DL, anschließend 5 Steigerungen
Sa	2x3 km in 10:00 min (dazwischen 5 min Pause), mit jeweils 20 min Ein- und Auslaufen
So	10 km ruhiger DL

7. WOCHE

Mo	8–10 km ruhiger DL
Di	20 min Einlaufen, anschließend 3 Steigerungen, 5x1000m in 3:03 min (400m Traben zwischen den Belastungen), 20 min Auslaufen
Mi	10 km ruhiger DL
Do	12 km lockerer DL
Fr	20 min langsamer DL, 20 min Fahrtspiel (wechselndes Tempo nach Gefühl), 20 min langsamer DL
Sa	Ruhetag
So	15 km langsamer DL, anschließend 10 Steigerungen

8. WOCHE

Mo	10 km ruhiger DL
Di	15 min Einlaufen, anschließend 3 Steigerungen, 3 x 1000 m in 3:10, 3:05, 3:00 min (400 m Traben zwischen den Belastungen), 10 min Auslaufen
Mi	20 min ruhiger DL
Do	20 min langsamer DL, anschließend 3 – 5 Steigerungen
Fr	Ruhetag
Sa	10 min langsamer DL, anschließend 3 Steigerungen
So	5-Kilometer-Wettkampf

b) 5-Kilometer-Leistungsvermögen: 14:30 Minuten
7 x Training pro Woche

1. WOCHE

Mo	15 km ruhiger DL
Di	20 min Einlaufen, anschließend 3 Steigerungen und 3 x 60-m-Sprints, 10 x 400 m in 66 sek (200 m Traben zwischen den Belastungen), 20 min Auslaufen
Mi	15 km langsamer DL
Do	12 km lockerer DL
Fr	20 min Einlaufen, 1000 m in 3:00 min (500 m Traben), 2000 m in 6:00 min (800 m Traben), 1000 m in 2:54 min (500 m Traben), 3 x 400 m in 66 sek (200 m Traben zwischen den Belastungen), 20 min Auslaufen
Sa	12 km langsamer DL
So	20 km ruhiger DL, anschließend 5 Steigerungen

2. WOCHE

Mo	15 km ruhiger DL
Di	20 min Einlaufen, anschließend 3 Steigerungen, 5 x 1000 m in 2:58 min (400 m Traben zwischen den Belastungen), 20 min Auslaufen
Mi	18 km ruhiger DL
Do	15 km langsamer DL
Fr	12 km ruhiger DL, anschließend 10 Steigerungen
Sa	20 min langsamer DL, 15 x 2:00 min schnell bergauf, 20 min langsamer DL
So	15 km ruhiger DL

3. WOCHE

Mo	15 km ruhiger DL
Di	20 min Einlaufen, anschließend 3 Steigerungen und 3x60-m-Sprints, 12x400m in 66 sek (200m Traben zwischen den Belastungen), 20 min Auslaufen
Mi	15 km ruhiger DL
Do	15 km lockerer DL
Fr	Ruhetag
Sa	20 min Einlaufen, 1000m in 2:56 min (400m Traben), 2000m in 5:55 min (800m Traben), 1000m in 2:54 min (400m Traben), 2000m in 5:55 min, 20 min Auslaufen
So	15 km langsamer DL

4. WOCHE

Mo	15 km ruhiger DL
Di	12 km ruhiger DL, anschließend 5 Steigerungen
Mi	20 min langsamer DL, 15x2:00 min schnell bergauf, 20 min langsamer DL
Do	15 km langsamer DL
Fr	12 km ruhiger DL, anschließend 5 Steigerungen
Sa	20 min Einlaufen, anschließend 3 Steigerungen, 5x1000m in 2:56 min (400m Traben zwischen den Belastungen), 20 min Auslaufen
So	14 km langsamer DL

5. WOCHE

Mo	15 km ruhiger DL
Di	20 min Einlaufen, 3x2000m in 5:52 min, 20 min Auslaufen
Mi	14 km langsamer DL
Do	12 km ruhiger DL
Fr	20 min Einlaufen, anschließend 3 Steigerungen und 3x60-m-Sprints, 10x500m in 82 sek (200m Traben zwischen den Belastungen), 20 min Auslaufen
Sa	14 km ruhiger DL
So	18 km langsamer DL

6. WOCHE

Mo	10 km ruhiger DL
Di	20 min Einlaufen, anschließend 3 Steigerungen und 3x60-m-Sprints, 300m in 49 sek (200m Traben), 600m in 1:40 min (400m Traben), 1200m in 3:30 min (800m Traben), 1000m in 2:54 min (600m Traben), 500m in 83 sek (200m Traben), 200m in 32 sek, 20 min Auslaufen
Mi	15 km lockerer DL
Do	15 km langsamer DL
Fr	10 km ruhiger DL, anschließend 5 Steigerungen
Sa	2x3 km in 9:30 min (dazwischen 5 min Pause), mit jeweils 20 min Ein- und Auslaufen
So	10 km ruhiger DL

7. WOCHE

Mo	12 km ruhiger DL
Di	20 min Einlaufen, anschließend 3 Steigerungen, 5x1000m in 2:54 min (400m Traben zwischen den Belastungen), 20 min Auslaufen
Mi	15 km ruhiger DL
Do	15 km lockerer DL
Fr	20 min langsamer DL, anschließend 3 Steigerungen, 15x200m in 33 sek (200m Traben zwischen den Belastungen), 20 min langsamer DL
Sa	Ruhetag
So	15 km langsamer DL, anschließend 10 Steigerungen

8. WOCHE

Mo	10 km ruhiger DL
Di	15 min Einlaufen, anschließend 3 Steigerungen, 3x1000m in 3:00, 2:54, 2:54 min (400m Traben zwischen den Belastungen), 10 min Auslaufen
Mi	20 min ruhiger DL
Do	20 min langsamer DL, anschließend 3–5 Steigerungen
Fr	Ruhetag
Sa	10 min langsamer DL, anschließend 3 Steigerungen
So	5-Kilometer-Wettkampf

10-Kilometer-Trainingspläne

I. Einsteiger

a) 10-Kilometer-Leistungsvermögen: 60:00 Minuten
3 x Training pro Woche

1. WOCHE

Mo	Ruhetag
Di	10 min langsamer DL, 20 min Fahrtspiel (wechselndes Tempo nach Gefühl), 10 min langsamer DL
Mi	Ruhetag
Do	Ruhetag
Fr	50 min langsamer DL
Sa	Ruhetag
So	40 min ruhiger DL

2. WOCHE

Mo	Ruhetag
Di	Ruhetag
Mi	10 min langsamer DL, 20 min zügiger DL, 10 min langsamer DL
Do	Ruhetag
Fr	60 min langsamer DL
Sa	Ruhetag
So	40 min ruhiger DL, anschließend 3 Steigerungen

3. WOCHE

Mo	Ruhetag
Di	10 min langsamer DL, 25 min Fahrtspiel (wechselndes Tempo nach Gefühl), 10 min langsamer DL
Mi	Ruhetag
Do	Ruhetag
Fr	60 min langsamer DL
Sa	Ruhetag
So	40 min ruhiger DL

4. WOCHE

Mo	Ruhetag
Di	10 min langsamer DL, 25 min Fahrtspiel, 10 min langsamer DL
Mi	Ruhetag
Do	Ruhetag
Fr	60 min langsamer DL
Sa	Ruhetag
So	45 min ruhiger DL

5. WOCHE

Mo	Ruhetag
Di	Ruhetag
Mi	50 min ruhiger DL, anschließend 3 Steigerungen
Do	Ruhetag
Fr	Ruhetag
Sa	70 min langsamer DL
So	30 min ruhiger DL

6. WOCHE

Mo	Ruhetag
Di	10 min langsamer DL, 25 min Fahrtspiel (wechselndes Tempo nach Gefühl), 10 min langsamer DL
Mi	Ruhetag
Do	Ruhetag
Fr	60 min langsamer DL
Sa	Ruhetag
So	40 min ruhiger DL

7. WOCHE

Mo	Ruhetag
Di	Ruhetag
Mi	10 min langsamer DL, 30 min Fahrtspiel (wechselndes Tempo nach Gefühl), 10 min langsamer DL
Do	Ruhetag
Fr	Ruhetag
Sa	60 min langsamer DL
So	30 min ruhiger DL, anschließend 3 Steigerungen

8. WOCHE

Mo	Ruhetag
Di	Ruhetag
Mi	30 min ruhiger DL, anschließend 3 Steigerungen
Do	Ruhetag
Fr	40 min langsamer DL
Sa	Ruhetag
So	5- oder 10-Kilometer-Wettkampf oder 10-Kilometer-Testlauf

9. WOCHE

Mo	Ruhetag
Di	Ruhetag
Mi	40 min ruhiger DL
Do	Ruhetag
Fr	40 min ruhiger DL
Sa	Ruhetag
So	10 min langsamer DL, 25 min Fahrtspiel (wechselndes Tempo nach Gefühl), 10 min langsamer DL

10. WOCHE

Mo	Ruhetag
Di	40 min ruhiger DL
Mi	Ruhetag
Do	Ruhetag
Fr	10 min langsamer DL, 25 min Fahrtspiel (wechselndes Tempo nach Gefühl), 10 min langsamer DL
Sa	Ruhetag
So	60 min langsamer DL, anschließend 3 Steigerungen

11. WOCHE

Mo	Ruhetag
Di	Ruhetag
Mi	10 min langsamer DL, 20 min Fahrtspiel (wechselndes Tempo nach Gefühl), 10 min langsamer DL
Do	Ruhetag
Fr	Ruhetag
Sa	50 min langsamer DL
So	Ruhetag

12. WOCHE

Mo	Ruhetag
Di	10 min langsamer DL, 3x5 min schnell, 5 min langsamer DL
Mi	Ruhetag
Do	Ruhetag
Fr	15 min langsamer DL, anschließend 3 Steigerungen
Sa	Ruhetag
So	10-Kilometer-Wettkampf

b) 10-Kilometer-Leistungsvermögen: 55:00 Minuten
3 x Training pro Woche

1. WOCHE

Mo	Ruhetag
Di	Ruhetag
Mi	5x5 min schnell (2:30 min Traben zwischen den Belastungen), mit jeweils 10 min Ein- und Auslaufen
Do	Ruhetag
Fr	Ruhetag
Sa	70 min langsamer DL
So	40 min ruhiger DL

2. WOCHE

Mo	Ruhetag
Di	Ruhetag
Mi	3x10 min schnell (5:00 min Traben zwischen den Belastungen), mit jeweils 10 min Ein- und Auslaufen
Do	Ruhetag
Fr	Ruhetag
Sa	70 min langsamer DL, anschließend 3 Steigerungen
So	40 min ruhiger DL

3. WOCHE

Mo	Ruhetag
Di	Ruhetag
Mi	6x5 min schnell (2:30 min Traben zwischen den Belastungen), mit jeweils 10 min Ein- und Auslaufen
Do	Ruhetag
Fr	Ruhetag
Sa	70 min langsamer DL, anschließend 3 Steigerungen
So	40 min ruhiger DL

4. WOCHE

Mo	Ruhetag
Di	Ruhetag
Mi	10 min langsamer DL, 25 min Fahrtspiel (wechselndes Tempo nach Gefühl), 10 min langsamer DL
Do	Ruhetag
Fr	Ruhetag
Sa	80 min langsamer DL
So	30 min ruhiger DL, anschließend 3 Steigerungen

5. WOCHE

Mo	Ruhetag
Di	Ruhetag
Mi	50 min ruhiger DL, anschließend 3 Steigerungen
Do	Ruhetag
Fr	Ruhetag
Sa	60 min langsamer DL
So	40 min ruhiger DL

6. WOCHE

Mo	Ruhetag
Di	Ruhetag
Mi	10 min langsamer DL, 30 min Fahrtspiel (wechselndes Tempo nach Gefühl), 10 min langsamer DL
Do	Ruhetag
Fr	Ruhetag
Sa	80 min langsamer DL
So	40 min ruhiger DL

7. WOCHE

Mo	Ruhetag
Di	Ruhetag
Mi	10 min langsamer DL, anschließend 3 Steigerungen, 10 x 1:30 min schnell (1:30 min Traben zwischen den Belastungen), 10 min langsamer DL
Do	Ruhetag
Fr	Ruhetag
Sa	70 min langsamer DL
So	40 min ruhiger DL, anschließend 5 Steigerungen

8. WOCHE

Mo	Ruhetag
Di	Ruhetag
Mi	40 min ruhiger DL, anschließend 5 Steigerungen
Do	Ruhetag
Fr	20 min langsamer DL
Sa	Ruhetag
So	5- oder 10-Kilometer-Wettkampf oder 10-Kilometer-Testlauf

9. WOCHE

Mo	Ruhetag
Di	Ruhetag
Mi	50 min ruhiger DL
Do	Ruhetag
Fr	50 min ruhiger DL
Sa	Ruhetag
So	5x5 min schnell (3 min Traben zwischen den Belastungen), mit jeweils 10 min Ein- und Auslaufen

10. WOCHE

Mo	Ruhetag
Di	50 min ruhiger DL
Mi	Ruhetag
Do	Ruhetag
Fr	10x90 sek schnell (3 min Traben zwischen den Belastungen), mit jeweils 10 min Ein- und Auslaufen
Sa	Ruhetag
So	60 min langsamer DL, anschließend 5 Steigerungen

11. WOCHE

Mo	Ruhetag
Di	Ruhetag
Mi	10 min langsamer DL, 30 min Fahrtspiel (wechselndes Tempo nach Gefühl), mit jeweils 10 min Ein- und Auslaufen
Do	Ruhetag
Fr	Ruhetag
Sa	50 min langsamer DL
So	35 min ruhiger DL, anschließend 3 Steigerungen

12. WOCHE

Mo	Ruhetag
Di	10 min langsamer DL, 3x5 min schnell (3 min Traben zwischen den Belastungen), mit jeweils 10 min Ein- und Auslaufen
Mi	Ruhetag
Do	20 min langsamer DL
Fr	Ruhetag
Sa	Ruhetag
So	10-Kilometer-Wettkampf

c) 10-Kilometer-Leistungsvermögen: 50:00 Minuten
3–4 x Training pro Woche

1. WOCHE

Mo	Ruhetag
Di	Ruhetag
Mi	7x5 min schnell (3 min Traben zwischen den Belastungen), mit jeweils 10 min Ein- und Auslaufen
Do	Ruhetag
Fr	80 min langsamer DL
Sa	Ruhetag
So	50 min ruhiger DL

2. WOCHE

Mo	40 min ruhiger DL
Di	Ruhetag
Mi	4x10 min schnell (5 min Traben zwischen den Belastungen), mit jeweils 10 min Ein- und Auslaufen
Do	Ruhetag
Fr	50 min ruhiger DL
Sa	Ruhetag
So	80 min langsamer DL

3. WOCHE

Mo	Ruhetag
Di	Ruhetag
Mi	8 min, 6 min, 4 min, 2 min schnell (4 min, 3 min, 2 min Traben zwischen den Belastungen), mit jeweils 10 min Ein- und Auslaufen
Do	Ruhetag
Fr	Ruhetag
Sa	70 min langsamer DL
So	50 min ruhiger DL

4. WOCHE

Mo	40 min lockerer DL
Di	Ruhetag
Mi	7x5 min schnell (3 min Traben zwischen den Belastungen), mit jeweils 10 min Ein- und Auslaufen
Do	Ruhetag
Fr	50 min ruhiger DL
Sa	Ruhetag
So	80 min langsamer DL

5. WOCHE

Mo	Ruhetag
Di	Ruhetag
Mi	40 min ruhiger DL
Do	Ruhetag
Fr	Ruhetag
Sa	70 min langsamer DL
So	50 min ruhiger DL

6. WOCHE

Mo	Ruhetag
Di	Ruhetag
Mi	8 min, 6 min, 4 min, 2 min schnell (4 min, 3 min, 2 min Traben zwischen den Belastungen), mit jeweils 10 min Ein- und Auslaufen
Do	Ruhetag
Fr	Ruhetag
Sa	80 min langsamer DL
So	35 min ruhiger DL

7. WOCHE

Mo	40 min lockerer DL
Di	Ruhetag
Mi	10x1:30 min schnell (1:30 min Traben zwischen den Belastungen), mit jeweils 10 min Ein- und Auslaufen
Do	Ruhetag
Fr	70 min langsamer DL
Sa	Ruhetag
So	40 min ruhiger DL, anschließend 5 Steigerungen

8. WOCHE

Mo	Ruhetag
Di	Ruhetag
Mi	50 min ruhiger DL
Do	Ruhetag
Fr	35 min langsamer DL, anschließend 5 Steigerungen
Sa	Ruhetag
So	5- oder 10-Kilometer-Wettkampf oder 10-Kilometer-Testlauf

9. WOCHE

Mo	Ruhetag
Di	Ruhetag
Mi	50 min ruhiger DL
Do	Ruhetag
Fr	50 min ruhiger DL
Sa	Ruhetag
So	7x5 min schnell (3 min Traben zwischen den Belastungen), mit jeweils 10 min Ein- und Auslaufen

10. WOCHE

Mo	Ruhetag
Di	ruhiger DL
Mi	Ruhetag
Do	40 min ruhiger DL
Fr	10x1:30 min (2 min Traben zwischen den Belastungen), mit jeweils 10 min Ein- und Auslaufen
Sa	Ruhetag
So	80 min langsamer DL, anschließend 5 Steigerungen

11. WOCHE

Mo	Ruhetag
Di	Ruhetag
Mi	8x4 min schnell (2 min Traben zwischen den Belastungen), mit jeweils 10 min Ein- und Auslaufen
Do	Ruhetag
Fr	Ruhetag
Sa	40 min langsamer DL
So	40 min ruhiger DL, anschließend 5 Steigerungen

12. WOCHE

Mo	Ruhetag
Di	3 x 5 min schnell (2 min Traben zwischen den Belastungen), mit jeweils 10 min Ein- und Auslaufen
Mi	Ruhetag
Do	20 min langsamer DL
Fr	Ruhetag
Sa	Ruhetag
So	10-Kilometer-Wettkampf

2. Engagierte Läufer

a) 10-Kilometer-Leistungsvermögen: 45:00 Minuten 4 x Training pro Woche

1. WOCHE

Mo	Ruhetag
Di	7 x 3 min schnell (2 min Traben zwischen den Belastungen), mit jeweils 15 min Ein- und Auslaufen
Mi	Ruhetag
Do	50 min ruhiger DL, anschließend 3 Steigerungen
Fr	Ruhetag
Sa	10 min langsamer DL, 25 – 30 min zügiger DL, 10 min langsamer DL
So	70 min langsamer langer DL

2. WOCHE

Mo	Ruhetag
Di	15 min langsamer DL, 3 min schnell, 6 min schnell, 3 min schnell, 6 min schnell, 3 min schnell (2 – 3 min Traben zwischen den Belastungen), 15 min langsamer DL
Mi	Ruhetag
Do	60 min ruhiger DL, anschließend 3 Steigerungen
Fr	Ruhetag
Sa	10 min langsamer DL, 3 x 10 min sehr zügiger DL (4 min Traben zwischen den Belastungen), 10 min langsamer DL
So	80 min langsamer langer DL

3. WOCHE	**Mo**	Ruhetag
	Di	10 min langsamer DL, 8x3 min schnell (2 min Traben zwischen den Belastungen), 10 min langsamer DL
	Mi	Ruhetag
	Do	80 min langsamer DL, anschließend 3 Steigerungen
	Fr	Ruhetag
	Sa	15 min langsamer DL, 30 min zügiger DL, 15 min langsamer DL
	So	50 min ruhiger DL

4. WOCHE	**Mo**	Ruhetag
	Di	15 min langsamer DL, 3 min schnell, 6 min schnell, 3 min schnell, 6 min schnell, 3 min schnell (2–3 min Traben zwischen den Belastungen), 15 min langsamer DL
	Mi	Ruhetag
	Do	80 min langsamer DL
	Fr	Ruhetag
	Sa	10 min langsamer DL, 3x12 min schnell (3–4 min Traben zwischen den Belastungen), 10 min langsamer DL
	So	50 min ruhiger DL

5. WOCHE	**Mo**	Ruhetag
	Di	50 min ruhiger DL
	Mi	Ruhetag
	Do	60 min ruhiger DL, anschließend 3 Steigerungen
	Fr	Ruhetag
	Sa	40 min lockerer DL
	So	80 min langsamer DL

6. WOCHE	**Mo**	Ruhetag
	Di	15 min langsamer DL, 8x3 min schnell (2 min Traben zwischen den Belastungen), 15 min langsamer DL
	Mi	Ruhetag
	Do	50 min ruhiger DL, anschließend 3 Steigerungen
	Fr	Ruhetag
	Sa	10 min langsamer DL, 35 min zügiger DL, 10 min langsamer DL
	So	80 min langsamer DL

7. WOCHE

Mo	Ruhetag
Di	15 min langsamer DL, anschließend 3 Steigerungen, 10 x 1:30 min schnell (1:30 min Traben zwischen den Belastungen), 15 min langsamer DL
Mi	Ruhetag
Do	80 min langsamer DL
Fr	Ruhetag
Sa	10 min langsamer DL, 2 x 15 min schnell (5 min Traben zwischen den Belastungen), 10 min langsamer DL
So	40 min ruhiger DL

8. WOCHE

Mo	Ruhetag
Di	10 min langsamer DL, 4 x 3 min schnell (2 min Traben zwischen den Belastungen), 10 min langsamer DL
Mi	Ruhetag
Do	40 min ruhiger DL, anschließend 5 Steigerungen
Fr	Ruhetag
Sa / So	10-Kilometer-Wettkampf oder 10-Kilometer-Testlauf
So	Ruhetag

9. WOCHE

Mo	Ruhetag
Di	40 min ruhiger DL
Mi	50 min ruhiger DL
Do	Ruhetag
Fr	15 min langsamer DL, 8 x 3 min schnell (2 min Traben zwischen den Belastungen), 10 min langsamer DL
Sa	Ruhetag
So	75 min langsamer DL

10. WOCHE

Mo	Ruhetag
Di	15 min langsamer DL, anschließend 3 Steigerungen, 10x1:30 min schnell (1:30 min Traben zwischen den Belastungen), 15 min langsamer DL
Mi	Ruhetag
Do	50 min ruhiger DL
Fr	Ruhetag
Sa	10 min langsamer DL, 2x15 min schnell (5 min Traben zwischen den Belastungen), 10 min langsamer DL
So	80 min langsamer DL

11. WOCHE

Mo	Ruhetag
Di	15 min langsamer DL, 4x6 min schnell (2–3 min Traben zwischen den Belastungen), 15 min langsamer DL
Mi	Ruhetag
Do	50 min ruhiger DL
Fr	Ruhetag
Sa	10 min langsamer DL, 30 min zügiger DL, 10 min langsamer DL
So	50 min ruhiger DL

12. WOCHE

Mo	Ruhetag
Di	10 min langsamer DL, anschließend 3 Steigerungen, 4x3 min schnell (2 min Traben zwischen den Belastungen), 10 min langsamer DL
Mi	Ruhetag
Do	20 min ruhiger DL, anschließend 3–5 Steigerungen
Fr	Ruhetag
Sa	Ruhetag
So	10-Kilometer-Wettkampf

**b) 10-Kilometer-Leistungsvermögen: 40:00 Minuten
4–5 x Training pro Woche**

1. WOCHE

Mo	Ruhetag
Di	15 min langsamer DL, 8 x 3 min schnell (2 min Traben zwischen den Belastungen), 15 min langsamer DL
Mi	Ruhetag
Do	60 min ruhiger DL, anschließend 3 Steigerungen
Fr	Ruhetag
Sa	15 min langsamer DL, 30 min zügiger DL, 15 min langsamer DL
So	80 min langsamer DL

2. WOCHE

Mo	Ruhetag
Di	15 min langsamer DL, 3 min schnell, 6 min schnell, 3 min schnell, 6 min schnell, 3 min schnell (2–3 min Traben zwischen den Belastungen), 15 min langsamer DL
Mi	Ruhetag
Do	60 min ruhiger DL
Fr	Ruhetag
Sa	15 min langsamer DL, 3 x 10 min zügiger DL, (3 min Traben zwischen den Belastungen), 15 min langsamer DL
So	90 min langsamer DL

3. WOCHE

Mo	40 min ruhiger DL
Di	15 min langsamer DL, anschließend 3 Steigerungen, 7 x 1000 m in 4:05–4:10 min (600 m Traben zwischen den Belastungen), 15 min langsamer DL
Mi	Ruhetag
Do	80 min langsamer DL
Fr	Ruhetag
Sa	15 min langsamer DL, 30 min zügiger DL, 15 min langsamer DL
So	50 min ruhiger DL

4. WOCHE

Mo	40 min ruhiger DL
Di	15 min langsamer DL, anschließend 3 Steigerungen, 1000 m in 4:05 min (600 m Traben), 2000 m in 8:15 min (800 m Traben), 1000 m in 4:05 min (600 m Traben), 2000 m in 8:15 min (800 m Traben), 1000 m in 4:00 min, 15 min langsamer DL
Mi	Ruhetag
Do	90 min langsamer DL
Fr	Ruhetag
Sa	10 min langsamer DL, 3 x 12 min zügiger DL, (4 min Traben zwischen den Belastungen), 10 min langsamer DL
So	40 min ruhiger DL

5. WOCHE

Mo	Ruhetag
Di	50 min ruhiger DL
Mi	Ruhetag
Do	60 min ruhiger DL, anschließend 3 Steigerungen
Fr	Ruhetag
Sa	50 min lockerer DL
So	100 min langsamer DL

6. WOCHE

Mo	Ruhetag
Di	15 min langsamer DL, anschließend 3 Steigerungen, 8 x 1000 m in 4:05 min (600 m Traben zwischen den Belastungen), 15 min langsamer DL
Mi	Ruhetag
Do	50 min ruhiger DL
Fr	Ruhetag
Sa	15 min langsamer DL, 30 min zügiger DL, 15 min langsamer DL
So	80 min langsamer DL

7. WOCHE

Mo	40 min ruhiger DL
Di	15 min langsamer DL, anschließend 3 Steigerungen, 8 x 400 m in 1:30 min (400 m Traben zwischen den Belastungen), 15 min langsamer DL
Mi	Ruhetag
Do	80 min langsamer DL
Fr	Ruhetag
Sa	15 min langsamer DL, 30 min zügiger DL, 15 min langsamer DL
So	40 min ruhiger DL

8. WOCHE

Mo	40 min ruhiger DL
Di	10 min langsamer DL, 5 x 1000 m in 4:00 min (600 m Traben zwischen den Belastungen), 10 min langsamer DL
Mi	Ruhetag
Do	35 min ruhiger DL, anschließend 5 Steigerungen
Fr	Ruhetag
Sa/So	10-Kilometer-Wettkampf oder -Testlauf

9. WOCHE

Mo	Ruhetag
Di	60 min ruhiger DL
Mi	60 min ruhiger DL
Do	Ruhetag
Fr	15 min langsamer DL, anschließend 3 Steigerungen, 8 x 1000 m in 4:00 min (600 m Traben zwischen den Belastungen), 15 min langsamer DL
Sa	40 min ruhiger DL
So	90 min langsamer DL

10. WOCHE

Mo	Ruhetag
Di	15 min langsamer DL, anschließend 3 Steigerungen, 10x400 m in 1:30 min (400 m Traben zwischen den Belastungen), 15 min langsamer DL
Mi	40 min ruhiger DL
Do	40 min ruhiger DL
Fr	Ruhetag
Sa	10 min langsamer DL, 2x4 km in 17:30 min (5 min Traben zwischen den Belastungen), 10 min langsamer DL
So	90 min langsamer DL

11. WOCHE

Mo	Ruhetag
Di	15 min langsamer DL, 4x2000 m in 8:00 (800 m Traben zwischen den Belastungen), 10 min langsamer DL
Mi	Ruhetag
Do	60 min ruhiger DL
Fr	Ruhetag
Sa	15 min langsamer DL, 3 min schnell, 6 min schnell, 3 min schnell, 6 min schnell, 3 min schnell (2–3 min Traben zwischen den Belastungen), 15 min langsamer DL
So	50 min ruhiger DL

12. WOCHE

Mo	Ruhetag
Di	10 min langsamer DL, 5x1000 m in 4:00 min (600 m Traben zwischen den Belastungen), 10 min langsamer DL
Mi	Ruhetag
Do	35 min ruhiger DL, anschließend 3 Steigerungen
Fr	Ruhetag
Sa	10 min langsamer DL, anschließend 3 Steigerungen
So	10-Kilometer-Wettkampf

c) 10-Kilometer-Leistungsvermögen: 37:00 Minuten
5 x Training pro Woche

1. WOCHE

Mo	40 min ruhiger DL
Di	15 min langsamer DL, 8 x 1000 m in 3:45 min (600 m Traben zwischen den Belastungen), 15 min langsamer DL
Mi	Ruhetag
Do	60 min ruhiger DL, anschließend 3 Steigerungen
Fr	Ruhetag
Sa	15 min langsamer DL, 30 min zügiger DL, 15 min langsamer DL
So	90 min langsamer DL

2. WOCHE

Mo	50 min ruhiger DL
Di	15 min langsamer DL, 1000 m in 3:45 min (600 m Traben), 2000 m in 7:30 min (800 m Traben), 1000 m in 3:45 min (600 m Traben), 2000 m in 7:30 min (800 m Traben), 1000 m in 3:42 min, 15 min langsamer DL
Mi	Ruhetag
Do	60 min ruhiger DL
Fr	Ruhetag
Sa	10 min langsamer DL, 3 x 3 km in 12:10 min (4 min Traben zwischen den Belastungen), 10 min langsamer DL
So	90 min langsamer DL

3. WOCHE

Mo	40 min ruhiger DL
Di	15 min langsamer DL, anschließend 3 Steigerungen, 8 x 1000 m in 3:45 min (600 m Traben zwischen den Belastungen), 15 min langsamer DL
Mi	Ruhetag
Do	100 min langsamer DL
Fr	Ruhetag
Sa	10 min langsamer DL, 40 min zügiger DL, 10 min langsamer DL
So	60 min ruhiger DL

4. WOCHE

Mo	40 min ruhiger DL
Di	15 min langsamer DL, anschließend 3 Steigerungen, 4x2000 m in 7:30 min (800 m Traben zwischen den Belastungen), 15 min langsamer DL
Mi	Ruhetag
Do	90 min langsamer DL
Fr	Ruhetag
Sa	10 min langsamer DL, 3x3 km in 12:00 min (4 min Traben zwischen den Belastungen), 10 min langsamer DL
So	50 min ruhiger DL

5. WOCHE

Mo	Ruhetag
Di	60 min ruhiger DL
Mi	Ruhetag
Do	60 min ruhiger DL, anschließend 5–10 Steigerungen
Fr	Ruhetag
Sa	50 min lockerer DL
So	100 min langsamer DL

6. WOCHE

Mo	40 min ruhiger DL
Di	15 min langsamer DL, anschließend 3 Steigerungen, 8x400 m in 1:22 min (400 m Traben dazwischen), 15 min langsamer DL
Mi	Ruhetag
Do	60 min ruhiger DL
Fr	Ruhetag
Sa	15 min langsamer DL, 30 min zügiger DL, 15 min langsamer DL
So	90 min langsamer DL

7. WOCHE

Mo	40 min ruhiger DL
Di	15 min langsamer DL, anschließend 3 Steigerungen, 8x1000 m in 3:42 min (600 m Traben zwischen den Belastungen), 15 min langsamer DL
Mi	Ruhetag
Do	90 min langsamer DL
Fr	Ruhetag
Sa	15 min langsamer DL, 30 min zügiger DL, 15 min langsamer DL
So	60 min ruhiger DL

8. WOCHE

Mo	50 min ruhiger DL
Di	10 min langsamer DL, 5 x 1000 m in 3:42 min (600 m Traben zwischen den Belastungen), 10 min langsamer DL
Mi	Ruhetag
Do	40 min ruhiger DL
Fr	40 min langsamer DL, anschließend 5 Steigerungen
Sa/So	10-Kilometer-Wettkampf oder 10-Kilometer-Testlauf

9. WOCHE

Mo	60 min ruhiger DL
Di	Ruhetag
Mi	60 min ruhiger DL
Do	Ruhetag
Fr	15 min langsamer DL, anschließend 3 Steigerungen, 4 x 2000 m in 7:25 min (600 m Traben zwischen den Belastungen), 15 min langsamer DL
Sa	40 min ruhiger DL
So	90 min langsamer DL

10. WOCHE

Mo	Ruhetag
Di	15 min langsamer DL, anschließend 3 Steigerungen, 10 x 400 m in 1:20 min (400 m Traben zwischen den Belastungen), 15 min langsamer DL
Mi	40 min ruhiger DL
Do	50 min ruhiger DL
Fr	Ruhetag
Sa	10 min langsamer DL, 2 x 4 km in 16:15 min (5 min Traben zwischen den Belastungen), 10 min langsamer DL
So	90 min langsamer DL

11. WOCHE

Mo	Ruhetag
Di	15 min langsamer DL, 1000 m in 3:42 min (600 m Traben), 2000 m in 7:25 min (800 m Traben), 1000 m in 3:42 min (600 m Traben), 2000 m in 7:25 min (800 m Traben), 1000 m in 3:42 min, 15 min langsamer DL
Mi	Ruhetag
Do	60 min ruhiger DL
Fr	Ruhetag
Sa	15 min langsamer DL, 40 min Fahrtspiel (wechselndes Tempo nach Gefühl), 15 min langsamer DL
So	50 min ruhiger DL

12. WOCHE

Mo	Ruhetag
Di	10 min langsamer DL, 5 x 1000 m in 3:42 min (600 m Traben zwischen den Belastungen), 10 min langsamer DL
Mi	Ruhetag
Do	35 min ruhiger DL, anschließend 3 Steigerungen
Fr	Ruhetag
Sa	10 min langsamer DL, anschließend 3 Steigerungen
So	10-Kilometer-Wettkampf

3. Ambitionierte Läufer

a) 10-Kilometer-Leistungsvermögen: 35:00 Minuten
5–6 x Training pro Woche

1. WOCHE

Mo	12 km ruhiger DL
Di	3 km langsamer DL, 8 x 1000 m in 3:35 min (600 m Traben zwischen den Belastungen), 3 km langsamer DL
Mi	Ruhetag
Do	15 min ruhiger DL, anschließend 3 Steigerungen
Fr	Ruhetag
Sa	3 km langsamer DL, 8 km zügiger DL, 3 km langsamer DL
So	20 km langsamer DL

2. WOCHE	Mo	14 km ruhiger DL
	Di	3 km langsamer DL, 1000 m in 3:35 min (600 m Traben), 2000 m in 7:10 min (800 m Traben), 1000 m in 3:35 min (600 m Traben), 2000 m in 7:10 min (800 m Traben), 1000 m in 3:30 min, 3 km langsamer DL
	Mi	Ruhetag
	Do	16 km ruhiger DL
	Fr	Ruhetag
	Sa	3 km langsamer DL, 3 x 3 km in 11:15 min (4 min Traben zwischen den Belastungen), 3 km langsamer DL
	So	20 km langsamer DL
3. WOCHE	Mo	12 km ruhiger DL
	Di	3 km langsamer DL, anschließend 3 Steigerungen, 10 x 1000 m in 3:35 min (600 m Traben dazwischen), 3 km langsamer DL
	Mi	Ruhetag
	Do	22 km langsamer DL
	Fr	Ruhetag
	Sa	3 km langsamer DL, 8 km zügiger DL, 3 km langsamer DL
	So	14 km ruhiger DL
4. WOCHE	Mo	12 km ruhiger DL
	Di	3 km langsamer DL, anschließend 3 Steigerungen, 4 x 2000 m in 7:10 min (800 m Traben), 3 km langsamer DL
	Mi	12 km ruhiger DL
	Do	20 km langsamer DL
	Fr	Ruhetag
	Sa	3 km langsamer DL, 3 x 3 km in 11:15 min (4 min Traben zwischen den Belastungen), 3 km langsamer DL
	So	14 km ruhiger DL
5. WOCHE	Mo	Ruhetag
	Di	14 km ruhiger DL
	Mi	10 km lockerer DL
	Do	14 km ruhiger DL, anschließend 5 – 10 Steigerungen
	Fr	Ruhetag
	Sa	12 km lockerer DL
	So	22 km langsamer DL

6. WOCHE

Mo	10 km ruhiger DL
Di	3 km langsamer DL, anschließend 3 Steigerungen, 8x400 m in 1:18 min (400 m Traben dazwischen), 3 km langsamer DL
Mi	14 km ruhiger DL
Do	15 km lockerer DL
Fr	Ruhetag
Sa	3 km langsamer DL, 10 km zügiger DL, 3 km langsamer DL
So	20 km langsamer DL

7. WOCHE

Mo	12 km ruhiger DL
Di	3 km langsamer DL, anschließend 3 Steigerungen, 8x1000 m in 3:30 min (600 m Traben zwischen den Belastungen), 3 km langsamer DL
Mi	10 km ruhiger DL
Do	20 km langsamer DL
Fr	Ruhetag
Sa	3 km langsamer DL, 10x2:00 min bergauf (dieselbe Strecke bergab zurück traben), 3 km langsamer DL
So	15 km ruhiger DL

8. WOCHE

Mo	12 km ruhiger DL
Di	2 km langsamer DL, 5x1000 m in 3:30 min (600 m Traben zwischen den Belastungen), 2 km langsamer DL
Mi	Ruhetag
Do	10 km ruhiger DL
Fr	10 km langsamer DL, anschließend 5 Steigerungen
Sa/So	10-Kilometer-Wettkampf oder 10-Kilometer-Testlauf

9. WOCHE

Mo	12 km langsamer DL
Di	15 km langsamer DL
Mi	15 km ruhiger DL
Do	Ruhetag
Fr	3 km langsamer DL, anschließend 3 Steigerungen, 4x2000 m in 7:00 min (600 m Traben zwischen den Belastungen), 3 km langsamer DL
Sa	12 km ruhiger DL
So	20 km langsamer DL

10. WOCHE

Mo	10 km lockerer DL
Di	3 km langsamer DL, anschließend 3 Steigerungen, 10x400m in 1:18 min (400m Traben zwischen den Belastungen), 3 km langsamer DL
Mi	10 km ruhiger DL
Do	15 km ruhiger DL
Fr	Ruhetag
Sa	3 km langsamer DL, 2x4 km in 15:10 min (5 min Traben zwischen den Belastungen), 3 km langsamer DL
So	20 km langsamer DL

11. WOCHE

Mo	10 km ruhiger DL
Di	3 km langsamer DL, 1000m in 3:30 min (600m Traben), 2000m in 7:00 min (800m Traben), 1000m in 3:30 min (600m Traben), 2000m in 7:00 min (800m Traben), 1000m in 3:30 min, 3 km langsamer DL
Mi	Ruhetag
Do	15 km ruhiger DL
Fr	Ruhetag
Sa	3 km langsamer DL, anschließend 3 Steigerungen, 8x400m in 1:16 min (400m Traben zwischen den Belastungen), 3 km langsamer DL
So	12 km ruhiger DL

12. WOCHE

Mo	Ruhetag
Di	2 km langsamer DL, 5x1000m in 3:30 min (600m Traben zwischen den Belastungen), 2 km langsamer DL
Mi	Ruhetag
Do	35 min ruhiger DL, anschließend 3 Steigerungen
Fr	Ruhetag
Sa	20 min langsamer DL, anschließend 3 Steigerungen
So	10-Kilometer-Wettkampf

b) 10-Kilometer-Leistungsvermögen: 33:00 Minuten
6 x Training pro Woche

1. WOCHE

Mo	15 km ruhiger DL
Di	3 km langsamer DL, 8 x 1000 m in 3:22 min (400 m Traben zwischen den Belastungen), 3 km langsamer DL
Mi	Ruhetag
Do	15 km ruhiger DL, anschließend 3 Steigerungen
Fr	12 km lockerer DL
Sa	3 km langsamer DL, 10 km zügiger DL, 3 km langsamer DL
So	20 km langsamer DL

2. WOCHE

Mo	14 km ruhiger DL
Di	3 km langsamer DL, 1000 m in 3:22 min (400 m Traben), 2000 m in 6:45 min (600 m Traben), 1000 m in 3:22 min (400 m Traben), 2000 m in 6:45 min (600 m Traben), 1000 m in 3:20 min, 3 km langsamer DL
Mi	Ruhetag
Do	16 km ruhiger DL
Fr	12 km lockerer DL
Sa	3 km langsamer DL, 10 x 2:00 min schnell bergauf (dieselbe Strecke bergab zurück traben), 3 km langsamer DL
So	22 km langsamer DL

3. WOCHE

Mo	15 km ruhiger DL
Di	3 km langsamer DL, anschließend 3 Steigerungen, 10 x 1000 m in 3:22 min (400 m Traben zwischen den Belastungen), 3 km langsamer DL
Mi	Ruhetag
Do	22 km langsamer DL
Fr	12 km lockerer DL
Sa	3 km langsamer DL, 10 km zügiger DL, 3 km langsamer DL
So	16 km ruhiger DL

4. WOCHE

Mo	12 km ruhiger DL
Di	3 km langsamer DL, anschließend 3 Steigerungen, 4x2000m in 6:40 min (600m Traben), 3 km langsamer DL
Mi	15 km ruhiger DL
Do	22 km langsamer DL
Fr	Ruhetag
Sa	3 km langsamer DL, 12x2:00 min schnell bergauf (dieselbe Strecke bergab zurück traben), 3 km langsamer DL
So	16 km ruhiger DL

5. WOCHE

Mo	12 km lockerer DL
Di	14 km ruhiger DL, anschließend 3 Steigerungen
Mi	10 km lockerer DL
Do	14 km ruhiger DL, anschließend 5–10 Steigerungen
Fr	Ruhetag
Sa	12 km lockerer DL
So	22 km langsamer DL

6. WOCHE

Mo	15 km ruhiger DL
Di	3 km langsamer DL, anschließend 3 Steigerungen, 10x400m in 1:12 min (400m Traben dazwischen), 3 km langsamer DL
Mi	16 km ruhiger DL
Do	15 km lockerer DL
Fr	Ruhetag
Sa	3 km langsamer DL, 12 km zügiger DL, 3 km langsamer DL
So	22 km langsamer DL

7. WOCHE

Mo	15 km ruhiger DL
Di	3 km langsamer DL, anschließend 3 Steigerungen, 8x1000m in 3:18 min (400m Traben dazwischen), 3 km langsamer DL
Mi	12 km ruhiger DL
Do	20 km langsamer DL
Fr	Ruhetag
Sa	3 km langsamer DL, anschließend 3 Steigerungen, 3x60-m-Sprints, 15x200m in 35–36 sek (200m Traben zwischen den Belastungen), 3 km langsamer DL
So	15 km ruhiger DL

8. WOCHE

Mo	14 km ruhiger DL
Di	3 km langsamer DL, 5 x 1000 m in 3:18 min (600 m Traben zwischen den Belastungen), 2 km langsamer DL
Mi	Ruhetag
Do	15 km ruhiger DL
Fr	10 km langsamer DL, anschließend 5 Steigerungen
Sa/So	10-Kilometer-Wettkampf oder 10-Kilometer-Testlauf

9. WOCHE

Mo	15 km langsamer DL
Di	15 km langsamer DL
Mi	15 km ruhiger DL
Do	Ruhetag
Fr	3 km langsamer DL, anschließend 3 Steigerungen, 4 x 2000 m in 6:36 min (600 m Traben zwischen den Belastungen), 3 km langsamer DL
Sa	14 km ruhiger DL
So	20 km langsamer DL

10. WOCHE

Mo	15 km lockerer DL
Di	3 km langsamer DL, anschließend 3 Steigerungen, 10 x 400 m in 1:12 min (400 m Traben zwischen den Belastungen), 3 km langsamer DL
Mi	12 km ruhiger DL
Do	15 km ruhiger DL
Fr	Ruhetag
Sa	3 km langsamer DL, 2 x 4 km in 14:10 min (5 min Traben zwischen den Belastungen), 3 km langsamer DL
So	20 km langsamer DL

11. WOCHE

Mo	12 km ruhiger DL
Di	3 km langsamer DL, 1000 m in 3:18 min (400 m Traben), 2000 m in 6:36 min (600 m Traben), 1000 m in 3:18 min (400 m Traben), 2000 m in 6:36 min (600 m Traben), 1000 m in 3:18 min, 3 km langsamer DL
Mi	10 km lockerer DL
Do	10 km ruhiger DL
Fr	Ruhetag
Sa	3 km langsamer DL, anschließend 3 Steigerungen, 8 x 400 m in 1:12 min (400 m Traben zwischen den Belastungen), 3 km langsamer DL
So	12 km ruhiger DL

12. WOCHE

Mo	Ruhetag
Di	2 km langsamer DL, 5 x 1000 m in 3:18 min (600 m Traben zwischen den Belastungen), 2 km langsamer DL
Mi	Ruhetag
Do	8 km ruhiger DL, anschließend 3 Steigerungen
Fr	Ruhetag
Sa	20 min langsamer DL, anschließend 3 Steigerungen
So	10-Kilometer-Wettkampf

4. Eliteläufer

a) 10-Kilometer-Leistungsvermögen: 31:00 Minuten
7 x Training pro Woche

1. WOCHE

Mo	15 km ruhiger DL
Di	3 km langsamer DL, 8 x 1000 m in 3:10 min (400 m Traben zwischen den Belastungen), 3 km langsamer DL
Mi	12 km langsamer DL
Do	15 km ruhiger DL, anschließend 3 Steigerungen
Fr	15 km lockerer DL
Sa	3 km langsamer DL, 10 km in 35:00 min, 3 km langsamer DL
So	22 km langsamer DL

2. WOCHE

Mo	14 km ruhiger DL
Di	3 km langsamer DL, 1000 m in 3:10 min (400 m Traben), 2000 m in 6:20 min (600 m Traben), 1000 m in 3:10 min (400 m Traben), 2000 m in 6:20 min (600 m Traben), 1000 m in 3:06 min, 3 km langsamer DL
Mi	12 km langsamer DL
Do	16 km ruhiger DL
Fr	15 km lockerer DL
Sa	3 km langsamer DL, 10 x 2:00 min schnell bergauf (dieselbe Strecke bergab zurück traben), 3 km langsamer DL
So	25 km langsamer DL

3. WOCHE

Mo	15 km ruhiger DL
Di	3 km langsamer DL, anschließend 3 Steigerungen, 10 x 1000 m in 3:10 min (400 m Traben dazwischen), 3 km langsamer DL
Mi	12 km langsamer DL
Do	22 km langsamer DL
Fr	12 km lockerer DL
Sa	3 km langsamer DL, 10 km in 35:00 min, 3 km langsamer DL
So	16 km ruhiger DL

4. WOCHE

Mo	12 km ruhiger DL
Di	3 km langsamer DL, anschließend 3 Steigerungen, 4 x 2000 m in 6:20 min (600 m Traben), 3 km langsamer DL
Mi	15 km ruhiger DL
Do	22 km langsamer DL, anschließend 3 Steigerungen
Fr	14 km lockerer DL
Sa	3 km langsamer DL, 12 x 2:00 min schnell bergauf (dieselbe Strecke bergab zurück traben), 3 km langsamer DL
So	18 km ruhiger DL

5. WOCHE

Mo	12 km lockerer DL
Di	14 km ruhiger DL, anschließend 3 Steigerungen
Mi	10 km lockerer DL
Do	14 km ruhiger DL, anschließend 5 – 10 Steigerungen
Fr	15 km lockerer DL
Sa	12 km lockerer DL
So	22 km langsamer DL

6. WOCHE

Mo	15 km ruhiger DL
Di	3 km langsamer DL, anschließend 3 Steigerungen, 10x400m in 68 sek (400m Traben dazwischen), 3 km langsamer DL
Mi	16 km ruhiger DL
Do	15 km lockerer DL
Fr	12 km langsamer DL
Sa	3 km langsamer DL, 12 km in 42:00 min, 3 km langsamer DL
So	22 km langsamer DL

7. WOCHE

Mo	15 km ruhiger DL
Di	3 km langsamer DL, anschließend 3 Steigerungen, 8x1000m in 3:06–3:08 min (400m Traben zwischen den Belastungen), 3 km langsamer DL
Mi	12 km ruhiger DL
Do	20 km langsamer DL
Fr	12 km lockerer DL
Sa	3 km langsamer DL, anschließend 3 Steigerungen, 3x60-m-Sprints, 15x200m in 34 sek (200m Traben zwischen den Belastungen), 3 km langsamer DL
So	15 km ruhiger DL

8. WOCHE

Mo	14 km ruhiger DL
Di	3 km langsamer DL, 5x1000m in 3:06 min (600m Traben zwischen den Belastungen), 2 km langsamer DL
Mi	15 km ruhiger DL
Do	15 km ruhiger DL
Fr	10 km langsamer DL, anschließend 5 Steigerungen
Sa/So	10-Kilometer-Wettkampf oder 10-Kilometer-Testlauf

9. WOCHE

Mo	15 km langsamer DL
Di	15 km langsamer DL
Mi	15 km ruhiger DL
Do	12 km lockerer DL
Fr	3 km langsamer DL, anschließend 3 Steigerungen, 4x2000m in 6:15 min (600m Traben zwischen den Belastungen), 3 km langsamer DL
Sa	14 km ruhiger DL
So	22 km langsamer DL

10. WOCHE

Mo	15 km lockerer DL
Di	3 km langsamer DL, anschließend 3 Steigerungen, 10 x 400 m in 68 sek (400 m Traben zwischen den Belastungen), 3 km langsamer DL
Mi	12 km ruhiger DL
Do	15 km ruhiger DL
Fr	12 km lockerer DL
Sa	3 km langsamer DL, 2 x 5 km in 16:20 min (5 min Traben zwischen den Belastungen), 3 km langsamer DL
So	20 km langsamer DL

11. WOCHE

Mo	12 km ruhiger DL
Di	3 km langsamer DL, 1000 m in 3:06 min (400 m Traben), 2000 m in 6:12 min (600 m Traben), 1000 m in 3:06 min (400 m Traben), 2000 m in 6:12 min (600 m Traben), 1000 m in 3:06 min, 3 km langsamer DL
Mi	12 km lockerer DL
Do	15 km ruhiger DL
Fr	12 km lockerer DL
Sa	3 km langsamer DL, anschließend 3 Steigerungen, 8 x 400 m in 68 sek (400 m Traben zwischen den Belastungen), 3 km langsamer DL
So	12 km ruhiger DL

12. WOCHE

Mo	Ruhetag
Di	2 km langsamer DL, 5 x 1000 m in 3:06 min (400 m Traben zwischen den Belastungen), 2 km langsamer DL
Mi	Ruhetag
Do	8 km ruhiger DL, anschließend 3 Steigerungen
Fr	Ruhetag
Sa	20 min langsamer DL, anschließend 3 Steigerungen
So	10-Kilometer-Wettkampf

b) 10-Kilometer-Leistungsvermögen: 29:00 Minuten
8–10 x Training pro Woche * m = morgens ** a = abends

1. WOCHE

Mo	15 km ruhiger DL
Di	m* 8 km lockerer DL, anschließend 3 Steigerungen; a** 3 km langsamer DL, 10 x 1000 m in 2:56 min (400 m Traben zwischen den Belastungen), 3 km langsamer DL
Mi	12 km langsamer DL
Do	m: 10 km lockerer DL; a: 15 km ruhiger DL, anschließend 3 Steigerungen
Fr	15 km lockerer DL
Sa	3 km langsamer DL, 10 km in 33:00 min, 3 km langsamer DL
So	22 km langsamer DL

2. WOCHE

Mo	14 km ruhiger DL
Di	m: 8 km lockerer DL, anschließend 3 Steigerungen; a: 3 km langsamer DL, 1000 m in 2:56 min (400 m Traben), 2000 m in 5:52 min (600 m Traben), 1000 m in 2:56 min (400 m Traben), 2000 m in 5:52 min (600 m Traben), 1000 m in 2:56 min, 3 km langsamer DL
Mi	12 km langsamer DL
Do	16 km ruhiger DL
Fr	m: 10 km lockerer DL; a: 10 km lockerer DL, anschließend 3 Steigerungen
Sa	3 km langsamer DL, 15 x 2:00 min schnell bergauf (dieselbe Strecke bergab zurück traben), 3 km langsamer DL
So	25 km langsamer DL

3. WOCHE

Mo	15 km ruhiger DL
Di	m: 10 km lockerer DL, anschließend 3 Steigerungen; a: 3 km langsamer DL, anschließend 3 Steigerungen, 10 x 1000 m in 2:56 min (400 m Traben zwischen den Belastungen), 3 km langsamer DL
Mi	15 km langsamer DL
Do	25 km langsamer DL
Fr	m: 12 km lockerer DL; a: 12 km langsamer DL, anschließend 3 Steigerungen
Sa	3 km langsamer DL, 10 km in 33:00 min, 3 km langsamer DL
So	16 km ruhiger DL

4. WOCHE

Mo	12 km ruhiger DL
Di	m: 10 km langsamer DL; a: 3 km langsamer DL, anschließend 3 Steigerungen, 5x2000m in 5:52 min (600m Traben), 3 km langsamer DL
Mi	15 km ruhiger DL
Do	22 km langsamer DL, anschließend 3 Steigerungen
Fr	m: 10 km lockerer DL; a: 14 km lockerer DL
Sa	3 km langsamer DL, 15x2:00 min schnell bergauf (dieselbe Strecke bergab zurück traben), 3 km langsamer DL
So	18 km ruhiger DL

5. WOCHE

Mo	12 km lockerer DL
Di	m: 10 km lockerer DL; a: 14 km ruhiger DL, anschließend 3 Steigerungen
Mi	10 km lockerer DL
Do	14 km ruhiger DL, anschließend 5–10 Steigerungen
Fr	m: 10 km langsamer DL; a: 15 km lockerer DL
Sa	12 km lockerer DL
So	25 km langsamer DL

6. WOCHE

Mo	15 km ruhiger DL
Di	m: 10 km langsamer DL; anschließend 5 Steigerungen, a: 3 km langsamer DL, anschließend 3 Steigerungen, 10x400m in 64 sek (200m Traben zwischen den Belastungen), 3 km langsamer DL
Mi	16 km ruhiger DL
Do	m: 10 km lockerer DL; a: 15 km lockerer DL
Fr	15 km langsamer DL
Sa	3 km langsamer DL, 12 km in 39:30 min, 3 km langsamer DL
So	22 km langsamer DL

7. WOCHE

Mo 15 km ruhiger DL
Di m: 10 km lockerer DL, anschließend 5 Steigerungen;
a: 3 km langsamer DL, anschließend 3 Steigerungen, 8 x 1000 m in 2:54 min (400 m Traben zwischen den Belastungen), 3 km langsamer DL
Mi 12 km ruhiger DL
Do 22 km langsamer DL
Fr 12 km lockerer DL
Sa 3 km langsamer DL, anschließend 3 Steigerungen, 3 x 60-m-Sprints, 15 x 200 m in 34 sek (200 m Traben zwischen den Belastungen), 3 km langsamer DL
So m: 10 km langsamer DL; a: 10 km ruhiger DL

8. WOCHE

Mo 15 km ruhiger DL
Di m: 8 km langsamer DL; a: 3 km langsamer DL, 5 x 1000 m in 2:54 min (400 m Traben zwischen den Belastungen), 2 km langsamer DL
Mi 15 km ruhiger DL
Do 15 km ruhiger DL
Fr 15 km langsamer DL, anschließend 5 Steigerungen
Sa / So 10-Kilometer-Wettkampf oder 10-Kilometer-Testlauf

9. WOCHE

Mo m: 10 km lockerer DL; a: 10 km ruhiger DL
Di 15 km langsamer DL
Mi 15 km ruhiger DL
Do 12 km lockerer DL
Fr m: 10 km lockerer DL; a: 3 km langsamer DL, anschließend 3 Steigerungen, 4 x 2000 m in 5:48 min (400 m Traben zwischen den Belastungen), 3 km langsamer DL
Sa 14 km ruhiger DL
So 22 km langsamer DL

10. WOCHE

Mo	15 km lockerer DL
Di	m: 10 km lockerer DL, anschließend 3 Steigerungen; a: 3 km langsamer DL, anschließend 3 Steigerungen, 12x400m in 64 sek (200m Traben zwischen den Belastungen), 3 km langsamer DL
Mi	15 km ruhiger DL
Do	m: 12 km lockerer DL; a: 12 km ruhiger DL
Fr	12 km lockerer DL
Sa	3 km langsamer DL, 2x5 km in 15:30 min (5 min Traben zwischen den Belastungen), 3 km langsamer DL
So	20 km langsamer DL

11. WOCHE

Mo	12 km ruhiger DL
Di	m: 6 km lockerer DL; a: 3 km langsamer DL, 1000m in 2:54 min (400m Traben), 2000m in 5:48 min (600m Traben), 1000m in 2:54 min (400m Traben), 2000m in 5:48 min (600m Traben), 1000m in 2:54 min, 3 km langsamer DL
Mi	12 km lockerer DL
Do	15 km ruhiger DL
Fr	m: 12 km lockerer DL; a: 12 km lockerer DL
Sa	3 km langsamer DL, anschließend 3 Steigerungen, 8x400m in 64 sek (200m Traben zwischen den Belastungen), 3 km langsamer DL
So	12 km ruhiger DL

12. WOCHE

Mo	Ruhetag
Di	2 km langsamer DL, 5x1000m in 2:54 min (400m Traben zwischen den Belastungen), 2 km langsamer DL
Mi	Ruhetag
Do	12 km ruhiger DL, anschließend 3 Steigerungen
Fr	Ruhetag
Sa	20 min langsamer DL, anschließend 3 Steigerungen
So	10-Kilometer-Wettkampf

5. In 100 Tagen zur 10-Kilometer-Bestzeit

a) Wettkampfeinsteiger: Läufer ohne große Wettkampferfahrung mit einem 10-Kilometer-Ziel von 50 Minuten und langsamer

1. Tag	40–60 min lockerer DL
2. Tag	Ruhetag
3. Tag	Ruhetag
4. Tag	20 min Fahrtspiel (wechselndes Tempo nach Gefühl), mit jeweils 10 min Ein- und Auslaufen
5. Tag	Ruhetag
6. Tag	40–60 min lockerer DL
7. Tag	Ruhetag
8. Tag	25 min Fahrtspiel (wechselndes Tempo nach Gefühl), mit jeweils 10 min Ein- und Auslaufen
9. Tag	Ruhetag
10. Tag	Ruhetag
11. Tag	60–90 min langsamer DL
12. Tag	30–40 min ruhiger DL
13. Tag	Ruhetag
14. Tag	Ruhetag
15. Tag	25 min TDL, mit jeweils 10 min Ein- und Auslaufen
16. Tag	Ruhetag
17. Tag	Ruhetag
18. Tag	60–90 min langsamer DL
19. Tag	30–40 min ruhiger DL
20. Tag	Ruhetag
21. Tag	Ruhetag
22. Tag	25–30 min Fahrtspiel (wechselndes Tempo nach Gefühl), mit jeweils 10 min Ein- und Auslaufen
23. Tag	Ruhetag
24. Tag	Ruhetag
25. Tag	60–90 min langsamer DL
26. Tag	30–40 min ruhiger DL
27. Tag	Ruhetag
28. Tag	Ruhetag
29. Tag	30 min Fahrtspiel (wechselndes Tempo nach Gefühl), mit jeweils 10 min Ein- und Auslaufen

30. Tag	Ruhetag
31. Tag	Ruhetag
32. Tag	60–90 min langsamer DL
33. Tag	30–40 min ruhiger DL
34. Tag	Ruhetag
35. Tag	Ruhetag
36. Tag	30 min TDL
37. Tag	Ruhetag
38. Tag	40–60 min lockerer DL
39. Tag	Ruhetag
40. Tag	Ruhetag
41. Tag	35 min Fahrtspiel (wechselndes Tempo nach Gefühl), mit jeweils 10 min Ein- und Auslaufen
42. Tag	Ruhetag
43. Tag	Ruhetag
44. Tag	60–90 min langsamer DL
45. Tag	30–40 min ruhiger DL
46. Tag	Ruhetag
47. Tag	Ruhetag
48. Tag	35 min Fahrtspiel (wechselndes Tempo nach Gefühl), mit jeweils 10 min Ein- und Auslaufen
49. Tag	Ruhetag
50. Tag	Ruhetag
51. Tag	70–90 min langsamer DL
52. Tag	30–40 min ruhiger DL
53. Tag	Ruhetag
54. Tag	Ruhetag
55. Tag	10x400 m schnell (90 sek Traben zwischen den Belastungen), mit jeweils 10 min Ein- und Auslaufen
56. Tag	Ruhetag
57. Tag	Ruhetag
58. Tag	70–90 min langsamer DL
59. Tag	30–40 min ruhiger DL
60. Tag	Ruhetag
61. Tag	Ruhetag
62. Tag	30 min ruhiger DL, anschließend 5 Steigerungen
63. Tag	Ruhetag

64. Tag	30 min langsamer DL
65. Tag	Ruhetag
66. Tag	Test-Wettkampf oder Testlauf (5 oder 10 km)
67. Tag	Ruhetag
68. Tag	Ruhetag
69. Tag	30–40 min ruhiger DL
70. Tag	Ruhetag
71. Tag	70 min langsamer DL
72. Tag	Ruhetag
73. Tag	Ruhetag
74. Tag	40 min ruhiger DL
75. Tag	Ruhetag
76. Tag	40 min ruhiger DL
77. Tag	40 min Fahrtspiel (wechselndes Tempo nach Gefühl), mit jeweils 10 min Ein- und Auslaufen
78. Tag	Ruhetag
79. Tag	40 min ruhiger DL
80. Tag	Ruhetag
81. Tag	Ruhetag
82. Tag	10 x 400 m schnell (90 sek Traben zwischen den Belastungen), mit jeweils 10 min Ein- und Auslaufen
83. Tag	Ruhetag
84. Tag	70–90 min langsamer DL
85. Tag	Ruhetag
86. Tag	Ruhetag
87. Tag	40 min Fahrtspiel (wechselndes Tempo nach Gefühl), mit jeweils 10 min Ein- und Auslaufen
88. Tag	Ruhetag
89. Tag	Ruhetag
90. Tag	60 min langsamer DL
91. Tag	30 min ruhiger DL
92. Tag	Ruhetag
93. Tag	30 min ruhiger DL
94. Tag	Ruhetag
95. Tag	Ruhetag
96. Tag	15 min Fahrtspiel (wechselndes Tempo nach Gefühl), mit jeweils 10 min Ein- und Auslaufen

97. Tag Ruhetag
98. Tag Ruhetag
99. Tag 10 min langsamer DL
100. Tag 10-Kilometer-Wettkampf

b) Erfahrene Wettkämpfer: Läufer, die schon Wettkampferfahrung haben und ein 10-Kilometer-Leistungsvermögen von 40–50 Minuten anstreben

1. Tag 30–40 min ruhiger DL
2. Tag Ruhetag
3. Tag 40–60 min lockerer DL
4. Tag Ruhetag
5. Tag 30–40 min ruhiger DL
6. Tag Ruhetag
7. Tag 7x4 min Belastung (2 min Traben zwischen den Belastungen), mit jeweils 15 min Ein- und Auslaufen
8. Tag Ruhetag
9. Tag 40–50 min ruhiger DL
10. Tag Ruhetag
11. Tag 30 min TDL, mit jeweils 15 min Ein- und Auslaufen
12. Tag 70–100 min langsamer DL
13. Tag Ruhetag
14. Tag 4x7 min Belastung (3 min Traben zwischen den Belastungen), mit jeweils 15 min Ein- und Auslaufen
15. Tag Ruhetag
16. Tag 40–60 min lockerer DL
17. Tag Ruhetag
18. Tag 30 min TDL, mit jeweils 10 min Ein- und Auslaufen
19. Tag 70–100 min langsamer DL
20. Tag 30–40 min ruhiger DL
21. Tag 7x4 min Belastung (2 min Traben zwischen den Belastungen), mit jeweils 15 min Ein- und Auslaufen
22. Tag Ruhetag
23. Tag 70–100 min langsamer DL
24. Tag Ruhetag
25. Tag 30 min TDL, mit jeweils 15 min Ein- und Auslaufen
26. Tag 30–40 min ruhiger DL

27. Tag 40–60 min lockerer DL
28. Tag 4x7 min Belastung (3 min Traben zwischen den Belastungen), mit jeweils 15 min Ein- und Auslaufen
29. Tag Ruhetag
30. Tag 70–100 min langsamer DL
31. Tag Ruhetag
32. Tag 35 min TDL, mit jeweils 15 min Ein- und Auslaufen
33. Tag 30–40 min ruhiger DL
34. Tag Ruhetag
35. Tag 10x3 min Belastung (2 min Traben zwischen den Belastungen), mit jeweils 15 min Ein- und Auslaufen
36. Tag Ruhetag
37. Tag 70–100 min langsamer DL
38. Tag 30–40 min ruhiger DL
39. Tag Ruhetag
40. Tag 30–40 min ruhiger DL
41. Tag Ruhetag
42. Tag 30–40 min ruhiger DL
43. Tag Ruhetag
44. Tag 40–50 min lockerer DL
45. Tag 70–100 min langsamer DL
46. Tag Ruhetag
47. Tag 5x6 min Belastung (3 min Traben zwischen den Belastungen), mit jeweils 15 min Ein- und Auslaufen
48. Tag Ruhetag
49. Tag 40 min ruhiger DL
50. Tag Ruhetag
51. Tag 3x10 min leichte Belastung (4 min Traben zwischen den Belastungen), mit jeweils 15 min Ein- und Auslaufen
52. Tag 80 min langsamer DL
53. Tag 30–40 min ruhiger DL
54. Tag 3 km langsamer DL, 800 m im 10-km-Renntempo (2 min Traben), 400 m im 5-km-Renntempo (1 min Traben), 400 mit 95–98 % der maximalen Herzfrequenz (1 min Traben), 800 m im 10-km-Renntempo (2 min Traben), 3 km langsamer DL
55. Tag Ruhetag
56. Tag 30–40 min ruhiger DL

57. Tag	Ruhetag
58. Tag	30 min TDL, mit jeweils 15 min Ein- und Auslaufen
59. Tag	30–40 min ruhiger DL
60. Tag	Ruhetag
61. Tag	6x500m schnell (90 sek Traben zwischen den Belastungen), mit jeweils 15 min Ein- und Auslaufen
62. Tag	Ruhetag
63. Tag	30 min ruhiger DL, anschließend 5 Steigerungen
64. Tag	Ruhetag
65. Tag	30 min ruhiger DL, anschließend 5 Steigerungen
66. Tag	Test-Wettkampf (5 oder 10 km)
67. Tag	30 min ruhiger DL
68. Tag	Ruhetag
69. Tag	30–40 min ruhiger DL
70. Tag	Ruhetag
71. Tag	40 min lockerer DL
72. Tag	Ruhetag
73. Tag	10x3 min Belastung (2 min Traben zwischen den Belastungen), mit jeweils 15 min Ein- und Auslaufen
74. Tag	Ruhetag
75. Tag	40 min ruhiger DL
76. Tag	40 min ruhiger DL
77. Tag	30 min TDL, mit jeweils 15 min Ein- und Auslaufen
78. Tag	Ruhetag
79. Tag	70–100 min langsamer DL
80. Tag	Ruhetag
81. Tag	30–40 min ruhiger DL
82. Tag	3 km langsamer DL, 800m im 10-km-Renntempo (2 min Traben), 400m im 5-km-Renntempo (1 min Traben), 400 mit 95–98% der maximalen Herzfrequenz (1 min Traben), 800m im 10-km-Renntempo (2 min Traben), 3 km langsamer DL
83. Tag	30–40 min ruhiger DL
84. Tag	Ruhetag
85. Tag	35 min TDL, mit jeweils 15 min Ein- und Auslaufen
86. Tag	80 min langsamer DL
87. Tag	Ruhetag
88. Tag	30–40 min lockerer DL

89. Tag 5x6 min Belastung (3 min Traben zwischen den Belastungen), mit jeweils 15 min Ein- und Auslaufen

90. Tag 40 min ruhiger DL

91. Tag Ruhetag

92. Tag 40 min Fahrtspiel (wechselndes Tempo nach Gefühl), mit jeweils 15 min Ein- und Auslaufen

93. Tag 40 min ruhiger DL

94. Tag Ruhetag

95. Tag 30 min ruhiger DL

96. Tag 5x3 min Belastung (2 min Traben zwischen den Belastungen), mit jeweils 10 min Ein- und Auslaufen

97. Tag Ruhetag

98. Tag Ruhetag

99. Tag 20 min lockerer DL

100. Tag 10-Kilometer-Wettkampf

c) Professionelle Wettkämpfer: Läufer mit großer Wettkampferfahrung, die eine 10-Kilometer-Zeit von unter 40 Minuten anstreben

1. Tag 40 min ruhiger DL

2. Tag 60 min lockerer DL

3. Tag 35 min Fahrtspiel (wechselndes Tempo nach Gefühl), mit jeweils 15–20 min Ein- und Auslaufen

4. Tag 40 min ruhiger DL

5. Tag Ruhetag

6. Tag 40 min ruhiger DL

7. Tag 8x3 min Belastung (2 min Traben zwischen den Belastungen), mit jeweils 15 min Ein- und Auslaufen

8. Tag 30–40 min ruhiger DL

9. Tag 70–100 min langsamer DL

10. Tag Ruhetag

11. Tag 30 min TDL, mit jeweils 15 min Ein- und Auslaufen

12. Tag 40 min ruhiger DL

13. Tag 40 min ruhiger DL

14. Tag 4x6 min Belastung (2:30 min Traben zwischen den Belastungen), mit jeweils 15 min Ein- und Auslaufen

15. Tag Ruhetag

16. Tag	70–100 min langsamer DL
17. Tag	30–40 min ruhiger DL
18. Tag	30 min TDL, mit jeweils 15 min Ein- und Auslaufen
19. Tag	30–40 min ruhiger DL
20. Tag	40–60 min lockerer DL
21. Tag	10x3 min Belastung (2 min Traben zwischen den Belastungen), mit jeweils 15 min Ein- und Auslaufen
22. Tag	30–40 min ruhiger DL
23. Tag	40–60 min lockerer DL
24. Tag	Ruhetag
25. Tag	30 min TDL, mit jeweils 20 min Ein- und Auslaufen
26. Tag	70–100 min langsamer DL
27. Tag	40 min ruhiger DL
28. Tag	6x6 min Belastung (2:30 min Traben zwischen den Belastungen), mit jeweils 15 min Ein- und Auslaufen
29. Tag	30–40 min ruhiger DL
30. Tag	40–60 min lockerer DL
31. Tag	Ruhetag
32. Tag	30 min TDL, mit jeweils 20 min Ein- und Auslaufen
33. Tag	70–100 min langsamer DL
34. Tag	40 min ruhiger DL
35. Tag	10x3 min Belastung (90 sek Traben zwischen den Belastungen), mit jeweils 15 min Ein- und Auslaufen
36. Tag	40 min ruhiger DL
37. Tag	70–100 min langsamer DL
38. Tag	Ruhetag
39. Tag	30–40 min ruhiger DL
40. Tag	30–40 min ruhiger DL
41. Tag	Ruhetag
42. Tag	40–60 min lockerer DL
43. Tag	Ruhetag
44. Tag	70–100 min langsamer DL
45. Tag	40 min ruhiger DL
46. Tag	40 min ruhiger DL
47. Tag	6x6 min Belastung (2 min Traben zwischen den Belastungen), mit jeweils 20 min Ein- und Auslaufen
48. Tag	Ruhetag

49. Tag 80 min langsamer DL
50. Tag 40 min ruhiger DL
51. Tag 3 x 12 min leichte Belastung, mit jeweils 15 min Ein- und Auslaufen
52. Tag 40 min ruhiger DL
53. Tag 50 min ruhiger DL
54. Tag 3 km langsamer DL, 800 m im 10-km-Renntempo (2 min Traben), 400 m im 5-km-Renntempo (1 min Traben), 400 mit 95–98 % der maximalen Herzfrequenz (1 min Traben), 800 m im 10-km-Renntempo (2 min Traben), 3 km langsamer DL
55. Tag 40 min ruhiger DL
56. Tag 50 min lockerer DL
57. Tag Ruhetag
58. Tag 35 min TDL, mit jeweils 15 min Ein- und Auslaufen
59. Tag 70–100 min langsamer DL
60. Tag 40 min ruhiger DL
61. Tag 8 x 500 m schnell (90 sek Traben zwischen den Belastungen), mit jeweils 20 min Ein- und Auslaufen
62. Tag 30 min ruhiger DL
63. Tag 30 min langsamer DL, anschließend 5 Steigerungen
64. Tag Ruhetag
65. Tag 30 min langsamer DL, anschließend 5 Steigerungen
66. Tag Test-Wettkampf (10 km)
67. Tag 30 min ruhiger DL
68. Tag Ruhetag
69. Tag 60 min ruhiger DL
70. Tag 30–40 min ruhiger DL
71. Tag 50 min lockerer DL
72. Tag 30–40 min ruhiger DL
73. Tag 10 x 3 min Belastung (2 min Traben zwischen den Belastungen), mit jeweils 20 min Ein- und Auslaufen
74. Tag Ruhetag
75. Tag 50 min ruhiger DL
76. Tag 40 min ruhiger DL
77. Tag 40 min TDL, mit jeweils 15 min Ein- und Auslaufen
78. Tag Ruhetag
79. Tag 70–100 min langsamer DL

80. Tag 50 min lockerer DL

81. Tag 30–40 min ruhiger DL

82. Tag 3 km langsamer DL, 800 m im 10-km-Renntempo (2 min Traben), 400 m im 5-km-Renntempo (1 min Traben), 400 mit 95–98 % der maximalen Herzfrequenz (1 min Traben), 800 m im 10-km-Renntempo (2 min Traben), 3 km langsamer DL

83. Tag 30–40 min lockerer DL

84. Tag 70–100 min langsamer DL

85. Tag Ruhetag

86. Tag 40 min TDL, mit jeweils 15 min Ein- und Auslaufen

87. Tag 40 min ruhiger DL

88. Tag 50 min lockerer DL

89. Tag 6x6 min Belastung (2 min Traben zwischen den Belastungen), mit jeweils 15 min Ein- und Auslaufen

90. Tag 40 min ruhiger DL

91. Tag 40 min lockerer DL

92. Tag 50 min Fahrtspiel (wechselndes Tempo nach Gefühl), mit jeweils 10 min Ein- und Auslaufen

93. Tag Ruhetag

94. Tag 70 min langsamer DL

95. Tag 30 min ruhiger DL

96. Tag 5x3 min Belastung (2 min Traben zwischen den Belastungen), mit jeweils 10 min Ein- und Auslaufen

97. Tag Ruhetag

98. Tag Ruhetag

99. Tag 20 min lockerer DL

100. Tag 10-Kilometer-Wettkampf

Anhang

Glossar

Aerob Die Muskulatur wird ausreichend mit Sauerstoff versorgt (lat. aer = Luft). Aerobe Laufbelastungen sind Belastungen mit niedriger Intensität, die man über einen sehr langen Zeitraum aufrechterhalten kann.

Anaerob Den Muskelzellen steht für ihre Arbeit nicht genügend Sauerstoff zur Verfügung (griech. ana = ohne). Bei länger dauernden anaeroben Belastungen wird Energie durch den Abbau von ‣Glukose ohne Sauerstoff bereitgestellt. Da Glukose ohne Sauerstoff nicht vollständig abgebaut werden kann, entsteht ‣Laktat, das die Leistung schließlich hemmt.

Aerob-anaerobe Schwelle Bezeichnet den Belastungsbereich, in dem der Sauerstoffbedarf und der Sauerstoffverbrauch in den Körperzellen gerade noch ausgeglichen ist. Je höher die aerob/anaerobe Schwelle liegt, desto schneller kann man z. B. einen Marathon laufen.

Dehydrierung Flüssigkeitsverlust durch Schwitzen. Beim Laufen kann der Flüssigkeitsverlust bis zu zwei Liter pro Stunde betragen.

Elektrolyte Mineralstoffe, u. a. Natrium, Magnesium, Kalium, Chlorid und Kalzium; diese werden auch so genannten Elektrolytgetränken zugesetzt, um eine schnellere Flüssigkeitsaufnahme nach großem Schweißverlust beim Sport zu unterstützen.

FT-Fasern Schnell kontrahierende (weiße) Muskelfasern, die für schnellkräftige Bewegungen verantwortlich sind und ihre Energie vorwiegend aus ‣anaeroben Stoffwechselvorgängen beziehen. «FT» steht für engl. «fast twitch», dt. «schnell zuckend».

Glukose Wichtigster Energiespender im menschlichen Organismus. Der Körper wandelt jede Form von Kohlenhydraten in Glukose um, bevor er daraus Energie gewinnt. Der Mengenanteil der Glukose im Blut muss konstant gehalten werden, da z. B.

das Nervensystem auf eine ständige Versorgung mit Glukose angewiesen ist. Sinkt der Blutzuckerspiegel ab, kann dies lebensbedrohliche Auswirkungen haben.

Glykogen Speicherform der Glukose bei Menschen und Tieren. Die wichtigsten Glykogenspeicher sind Leber und Muskeln. Durch Ausdauertraining lassen sich Muskeldepots um das Zwei- bis Dreifache vergrößern.

Kohlenhydrate liefern Energie für Muskeln und Gehirn. Der Abbau von Kohlenhydraten setzt mehr (und schneller) Energie frei als die gleiche Menge Fett oder Eiweiß. Deshalb greift der Körper unter Belastung zuerst auf Kohlenhydrate zurück, erst später auf die anderen Energiespender. Kohlenhydrate finden sich in der Ernährung überwiegend in Getreideprodukten, Kartoffeln, Obst, Gemüse und Süßwaren.

Laktat Salz der Milchsäure, das bei ▸anaeroben Belastungen aus dem unzureichenden Abbau von Glukose im Muskel übrig bleibt und bei zu großer Anhäufung (▸«Übersäuerung») schließlich die Leistung hemmt bzw. zum Abbruch einer Belastung führt.

Maximalpuls Herzfrequenzwert, den man bei maximal möglicher Belastung misst. Gängige Abkürzung: Hf max. Hintergrund: Bei Belastung reagiert das Herz sofort, die Herzfrequenz steigt. Die Anzahl der Schläge pro Minute wird zum Gradmesser für die körperliche Belastung.

Periodisierung Phasenweiser Aufbau der Leistungsfähigkeit. Hintergrund: Alle laufsportlichen Ziele bedürfen einer langfristigen Vorbereitung. Zum Hauptziel bewegt sich der Sportler immer nur in mehreren kleinen Schritten.

Ruhepuls Herzfrequenzwert, den man im absoluten Ruhezustand misst. Am besten lässt sich der Ruhepuls morgens direkt nach dem Erwachen messen. Der Ruhepuls kann sich bei Menschen gleichen Alters, Geschlechts, gleicher Größe und gleichen Gewichts um bis zu 50 Schläge pro Minute unterscheiden.

Steady State Gleichgewicht von Energieverbrauch und ▸aerober Energiegewinnung; der Laktatspiegel wird auf einem konstanten Niveau gehalten, ▸Laktatproduktion und -abbau halten sich die Waage.

ST-Fasern langsam kontrahierende (rote) Muskelfasern, die auf eine niedrige Intensität ansprechen. Die ST-Fasern sind für Ausdauerleistungen zuständig und können sehr gut mit ▸aerob gebildeter Energie versorgt werden. «ST» steht für engl. «slow twitch», dt. «langsam zuckend».

Übersäuerung Überhöhter ▸Laktatspiegel im Muskel und Gesamtorganismus, der die Bewegung stark einschränkt bzw. ganz hemmt. (Läuferjargon: «Die Beine und Arme werden schwer.»)

VO_2 max Kürzel für die maximale Sauerstoffmenge, die der Körper auf einmal verarbeiten kann. Die Fähigkeit des Körpers, große Mengen von Sauerstoff ins Blut aufzunehmen, zu transportieren und zu verarbeiten, ist entscheidend für unsere Leistungsfähigkeit auf den langen Distanzen.

Die Autoren

Martin Grüning, geboren 1962, ist seit 1994 Redakteur von RUNNER'S WORLD und lebt in München. Er zählte von Mitte der achtziger bis Mitte der neunziger Jahre zu den besten deutschen Marathonläufern; seine Bestzeit (2:13:30 Std.) lief er 1990 in Houston, Texas. Als Mitglied der Nationalmannschaft des DLV nahm er 1989, 1991 und 1993 am Marathon-Weltcup teil.

Heute läuft er zwischen ein- und viermal pro Woche und schiebt dabei nicht selten einen Laufkinderwagen samt quietschvergnügtem Passagier an der Isar entlang. Mit Thomas Steffens Autor von «Das Laufbuch. Training, Technik, Ausrüstung» (1999, rororo 19465) und «Marathon - Die besten Programme» (2001, rororo 61010).

Thomas Steffens, geboren 1953, ist Chefredakteur von RUNNER'S WORLD, seit das Laufmagazin 1993 mit seiner deutschen Ausgabe an den Start ging. Er ist seit 1978 journalistisch tätig und arbeitete mehrere Jahre in den Marathon-Organisationsteams von Frankfurt, München und Boston. Er lebt in München. Über 20 Marathonläufe (Bestzeit 2:45 Std.). Heute als Jogger mal im Englischen Garten unterwegs, mal im Fitnessstudio. Co-Autor des ersten deutschen Triathlon-Buches «Triathlon - Die Krone der Ausdauer» (1983). Mit Martin Grüning Autor von «Das Laufbuch. Training, Technik, Ausrüstung» (1999, rororo 19465) und «Marathon - Die besten Programme» (2001, rororo 61010).

Bildnachweis

RUNNER'S WORLD 2/3, 10, 48, 60, 66, 80, 85/86, 124; Patrick Beier 42; Tim de Frisco 7/8, 22, 28, 36, 58, 87, 93; POLAR Electro GmbH Umschlag; TAKE 72.